非遗传承与文创设计研究

楚振龙　著

新　华　出　版　社

图书在版编目（CIP）数据

非遗传承与文创设计研究 / 楚振龙著 . -- 北京：
新华出版社 , 2024.6
ISBN 978-7-5166-7402-4

Ⅰ . ①非… Ⅱ . ①楚… Ⅲ . ①非物质文化遗产 – 文化
产品 – 产品设计 – 研究 – 中国 Ⅳ . ① G12

中国国家版本馆 CIP 数据核字 (2024) 第 104614 号

非遗传承与文创设计研究

作　　者：楚振龙

责任编辑：丁　勇　祝玉婷　　　　　封面设计：优盛文化

出版发行：新华出版社
地　　址：北京石景山区京原路 8 号　　　邮　　编：100040
网　　址：http://www.xinhuapub.com
经　　销：新华书店、新华出版社天猫旗舰店、京东旗舰店及各大网店
购书热线：010-63077122　　　　中国新闻书店购书热线：010-63072012

照　　排：优盛文化
印　　刷：河北万卷印刷有限公司

成品尺寸：170mm×240mm
印　　张：15　　　　　　　　　　　字　　数：220 千字
版　　次：2024 年 6 月第一版　　　　印　　次：2024 年 6 月第一次印刷

书　　号：ISBN 978-7-5166-7402-4
定　　价：88.00 元

前　言

　　此部专著旨在深入探讨非物质文化遗产（以下简称"非遗"）传承与文化创意设计（以下简称"文创设计"）在现代社会中的关联性和相互影响。非遗作为一种文化现象，代表了人类文化的丰富性和多样性，而文创设计作为一种新型的创新方式，有力地推动了非遗传承的发展。

　　第一章介绍了非遗的提出、定义，以及其传承的意义与价值。非遗作为一种无形的文化遗产，代表着一种文化的历史、传统和身份，也是一种独特的创新资源。本章还进一步探讨了非遗保护与传承的进展，以揭示其在现代社会中的重要意义。

　　第二章专注于文创设计的概述。从定义和内涵入手，详细探讨了文创设计的特点、目标和发展趋势，然后深入分析了文创设计在非遗传承中的作用，展示了文创设计以其独特的创新思维，为非遗传承提供了新的可能性和机会。

　　第三章着重分析了非遗与文创设计的融合。从非遗与文创设计的意义与价值出发，进一步阐述了非遗与文创设计的关系和互动，探索了非遗与文创设计的融合模式和实践。

　　第四章则专注于非遗的数字化传承。从非遗数字化的意义与价值出发，深入探讨了非遗数字化的技术手段和应用，再通过案例分析，揭示了非遗数字化在实际操作中的具体实施情况。

　　第五章讨论了非遗文创设计的教育和人才培养。首先回顾了非遗文创设计教育的发展状况，然后分析了教育的改革，最后探讨了人才培养的模式和方法，以期为非遗文创设计提供有力的人才保障。

第六章对非遗文创设计的市场和产业化发展进行了深入分析。首先概述了市场的发展状况和趋势，然后深入讨论了产业化的模式和实践，最后过案例分析，展示了非遗文创设计在实际市场中的应用和发展。

第七章对非遗传承与文创设计融合的未来进行了展望。从非遗传承与文创设计融合的意义和价值出发，探讨了面临的挑战和策略，预测了非遗传承与文创设计融合的未来发展趋势。

本书希望能为非遗传承与文创设计的研究和实践提供一种新的视角和思路，以促进非遗的保护、传承和发展，同时为文化产业的繁荣作出贡献。由于作者水平有限，书中难免有疏漏之处，恳请同行与读者予以批评指正。

目　录

第一章　非遗传承概述

第一节　非遗的提出和定义

非物质文化遗产，简称"非遗"，在中国，是指各族人民世代相传并视为其文化遗产组成部分的各种传统文化表现形式，以及与传统文化表现形式相关的实物和场所。非遗包括口头传统、表演艺术、社会实践、习俗、庆典、知识和实践等。2003 年，联合国教科文组织（UNESCO）通过《保护非物质文化遗产公约》（以下简称《非遗公约》），正式确立了"非物质文化遗产"这一概念。随着现代化的发展和经济全球化进程的加快，非遗保护与传承已成为国际社会关注的重要议题。本节将从非遗的提出和定义两个方面，深入探讨非遗的重要性和价值，以期更好地推动非遗保护与传承的工作。

一、非物质文化遗产的提出

1972 年 11 月 16 日，联合国教科文组织在巴黎召开的第十七届会议上通过了《保护世界文化和自然遗产公约》（以下简称《世界遗产公约》）。这一公约第一次正式指明了"文化遗产"的含义及范围，并开启了全人类共同保护世界文化和自然遗产的序幕。它是文化和自然遗产确定、保护、保存、展出和传承的全面规划和计划的总政策。

《世界遗产公约》的通过并不是一个孤立的事件，而是人类对文化和自然遗产保护意识的逐渐觉醒和国际合作的结果。1948 年的《世界人权宣言》，1966 年的《经济、社会及文化权利国际公约》和《公民权利和政治权利国际公约》，1989 年的《保护民间创作建议案》、2001 年的《世界文化多样性宣言》以及 2002 年的《伊斯坦布尔宣言》就强调了非物质文化遗产的重要意义，认为非物质文化遗产与物质文化遗产、自然遗产相互依存，是人类文化多样性的熔炉和可持续发展的重要保证。

在 21 世纪初，经济全球化和社会转型为各群体之间开展新的对话创造了条件，同时加大了对人类赖以生存和延续的自然文化资源的需求压力。为了解决缺少对自然文化资源的有效保护尤其是缺少与人民生活生产密不可分的大量非遗有效保护这一问题，联合国教科文组织于 2003 年 9 月 29 日至 10 月 17 日在巴黎举行的第三十二届会议上对原 1972 年的《世界遗产公约》进行了有效的补充，充实了非遗方面的新规定以及各项计划。

会议通过了《非遗公约》，它宣布了"人类口头遗产和非物质遗产代表作"计划，并认定非物质文化遗产是密切人与人之间的关系，以及人与人之间进行交流和了解的要素，需要受到人类的共同保护。同时，《非遗公约》承认了各社区、各群体，有时是个人，在非物质文化遗产的生产、保护、延续和再创造方面发挥的重要作用，从而为促进文化多样性和提升人类创造性作出贡献。至此，具有国际约束力的保护非遗的准则性多边文件正式形成。

这些国际公约和宣言为非遗的保护与传承提供了理论框架和实践指导。它们强调了非遗在人类文化多样性和可持续发展中的重要作用，并促使各国政府、民间组织和个人加强了对非遗的保护、传承和发展。

在《非遗公约》之后，许多国家纷纷采取措施保护与传承非遗。例如，中国于 2011 年颁布了《中华人民共和国非物质文化遗产法》（以下简称《非遗法》），针对中国非遗的保护、传承、开发和发展实际，进行了相应的中国化改造。

通过国际合作和国内立法，世界各国在非遗保护与传承方面取得了显著成果。然而，世界各国仍然需要加强国际交流与合作，分享成功经验和实践，以便更好地保护与传承非遗。

《世界遗产公约》以及《非遗公约》等一系列国际公约和宣言，为全球非遗的保护、传承和发展提供了指导原则。在经济全球化和社会转型的背景下，保护与传承非遗已成为国际社会共同的责任。各国政府、民间组织和个人都需要积极参与，以确保非遗的可持续发展，为世界文化的多样性和人类创造性的繁荣作出更大贡献。

二、非物质文化遗产的定义

非物质文化遗产（Intangible Cultural Heritage）也指在特定文化传统中所产生的、包含了语言知识、口头文学、音乐舞蹈、手工技艺、风俗习惯等多种形式表达的文化创作，这些创作是由特定的个人或群体所表达，旨在体现特定文化期望的文化与社会特性。

这些非遗的传承不仅反映了人类的文化多样性和创造力，还能够促进社区、群体、团体或个人在环境、自然界和历史条件的变化中进行创新和发展，进一步强化他们的自我认同感和历史感。

根据《非遗公约》的定义，非物质文化遗产涵盖了各种社会实践、观念表述、表现形式、知识、技能以及有关的工具、实物、工艺品和文化场所。这些非遗被社区、群体，有时是个人，视为其文化遗产的重要组成部分。

各个社区、群体和个人在非遗的传承中不断进行创新和发展，以适应其所处的环境、与自然界的相互关系和历史条件的变化。这种创新和发展不仅能够保护与传承好非遗，同时能够使非遗得到更好的发展，进一步推动文化多样性的发展和增强人类的创造力。

（一）联合国教科文组织对非遗的定义

《非遗公约》是联合国教科文组织于 2003 年通过的一项重要国际公约，旨在保护与传承各国、各民族的非物质文化遗产。非物质文化遗产既是人类文明的重要组成部分，也是各民族文化特色和精神底蕴的体现。该公约认为，非遗主要包括以下五个方面：

1. 口头传统和表现形式，包括作为非物质文化遗产媒介的语言

口头传统和表现形式是指那些通过语言、声音和口头表述等形式传播的非遗。它们包括神话、传说、民间故事、谚语、谜语、诗歌、歌谣等。这些口头传统和表现形式在民间广泛流传，世代相传，成为民族文化的重要载体。作为非遗的媒介，语言在传播和传承这些口头传统中发挥着关键作用。每一种语言都承载着丰富的历史、文化和社会信息，为研究民族文化提供了宝贵的素材。

2. 表演艺术

表演艺术是指通过各种表演形式展现的非遗，包括戏剧、舞蹈、音乐、曲艺、杂技、木偶等。这些表演艺术在各地区、各民族中形成了丰富多样的表现形式，它们既是民族文化的突出表现，也是人们精神生活的重要组成部分。通过欣赏、学习和传承这些表演艺术，人们可以更好地了解和感受民族文化的独特魅力，为世界文化的多样性作出贡献。

3. 社会实践、仪式、节庆活动

社会实践、仪式、节庆活动是指那些具有一定社会功能和文化价值的非遗。它们包括各种宗教仪式、婚丧嫁娶习俗、节庆庆典等。这些活动在各地区、各民族中具有不同的形式和内涵，它们既体现了民族文化的传统观念和价值观，也展示了人们对自然、社会、宇宙等方面的认识和理解。社会实践、仪式、节庆活动在维系民族文化传统、促进社会团结、传承民族精神等方面具有重要意义。

4. 有关自然界和宇宙的知识和实践

有关自然界和宇宙的知识和实践是指那些通过长期观察、实践和传承形成的非遗。它们包括对自然界的认识（如气象、地理、生物等方面

的知识）、对宇宙的解读（如星象、历法等方面的知识）、与自然环境和生态相适应的生产和生活方式等。这些知识和实践是人类与自然和谐共生的智慧结晶，对维护生态平衡、保护生物多样性、传承可持续发展理念具有重要价值。

5.传统手工艺

传统手工艺是指那些以手工技艺为主要特征的非遗。它们包括各种传统制作技艺（如烧制陶瓷、纺织、雕刻、绘画等），以及传统建筑技艺、传统医药技艺等。这些传统手工艺既体现了民族文化的创造力和审美价值，也是人类智慧和技艺的结晶。保护与传承这些传统手工艺，可以促进传统文化产业的发展，提高人们的生活品质，为世界文化遗产的保护与传承作出贡献。

非遗五个方面既是民族文化的重要组成部分，也是人类文明的宝贵财富。保护与传承这些非遗，可以使人们更好地了解和尊重各民族的文化特色，促进文化多样性和人类文明的繁荣发展。

（二）中国对非遗的定义

《非遗法》于2011年在中国颁布并实施，是中国根据《非遗公约》的国际条款和国内实际情况制定的一部专门法律。《非遗法》旨在保护、传承和发展中国丰富的非遗，促进中华优秀传统文化的繁荣兴盛。

根据《非遗法》的规定，非物质文化遗产是指各族人民世代相传并视为其文化遗产组成部分的各种传统文化表现形式，以及与传统文化表现形式相关的实物和场所。具体来说，《非遗法》所规定的非遗包括以下几个方面：

1.传统口头文学以及作为其载体的语言

传统口头文学包括神话、传说、故事、谚语、谜语、民间歌谣等，这些口头文学作品是各族人民智慧的结晶，反映了民族历史、生活、信仰和价值观。作为传统口头文学的载体，语言在保护、传承和传播非遗方面具有重要作用。

2.传统美术、书法、音乐、舞蹈、戏剧、曲艺和杂技

这些艺术形式包括绘画、雕塑、剪纸、刺绣等传统美术；书法及其不同流派；民间音乐、器乐、戏曲音乐等音乐形式；各种民族舞蹈和古典舞蹈；京剧、越剧、黄梅戏等戏剧类型；相声、评书、说唱等曲艺；杂技表演等。这些传统艺术形式丰富了人们的精神生活，展示了中华优秀传统文化的魅力。

3.传统技艺、医药和历法

传统技艺包括陶瓷、漆器、金属器等制作技艺，以及建筑、园林等传统建筑技艺；传统医药包括中医药、民族医药等，涉及针灸、草药、按摩等治疗方法；传统历法包括农历、二十四节气等对时间的划分和计算方法。这些传统技艺、医药和历法代表了中华民族在科学技术、医学和时间认知等领域的独特成就，具有重要的文化价值和实用价值。

4.传统礼仪、节庆等民俗

传统礼仪包括各种宗教仪式、婚丧嫁娶习俗等，它们体现了民族的道德观念、价值观和社会规范。节庆民俗包括春节、端午节、中秋节等传统节日的庆祝活动，以及丰收节、婚嫁庆典等民间习俗，这些活动丰富了人们的精神文化生活，有助于增进民族团结和社会和谐。

5.传统体育和游艺

传统体育包括武术、民间竞技、民族传统运动等，这些体育活动展

示了各民族独特的身体技能和竞技精神；传统游艺包括棋类、骨牌、民间游戏等，这些游艺项目丰富了人们的娱乐生活，促进了民间文化的传承和传播。

6. 其他非遗

这一类别包括那些未被前述几个类别所涵盖，但同样具有重要文化价值的非遗。这些遗产可能包括某些特定的知识体系、习俗、表现形式等。

《非遗法》还明确指出，属于非遗组成部分的实物和场所，凡属文物的，应适用《中华人民共和国文物保护法》的有关规定。这意味着，《非遗法》在保护非遗的同时，也关注了与之相关的实物和场所的保护工作。

《非遗法》为中国的非遗保护、传承、开发与发展提供了具体的法律规定和制度保障。对各类非遗的明确界定和保护，有助于进一步弘扬中华优秀传统文化，增强民族认同感，促进文化多样性，为中华民族的持续繁荣发展奠定坚实基础。

第二节　非遗传承的意义与价值

非遗传承是指非遗在世代相传的过程中，得到保护、传播和发展的活动。非遗传承的意义与价值在于弘扬文化多样性、促进文化传承、保护民族特色和维护民族身份等。

非遗传承的意义与价值可以从七个方面展开论述，如图1-1所示。

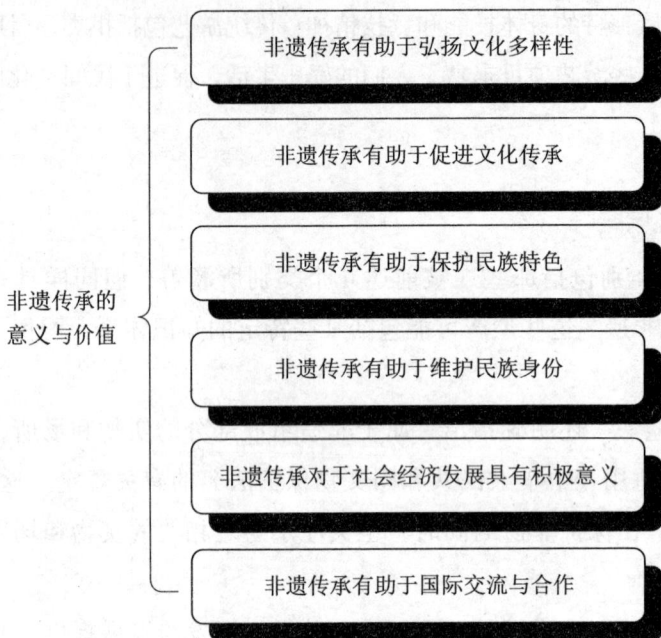

图 1-1　非遗传承的意义与价值

一、非遗传承有助于弘扬文化多样性

（一）保护各民族、各地区特色文化

非遗传承对于各民族、各地区特色文化的保护具有更深层次的意义。作为人类文化多样性的重要组成部分，各民族、各地区的特色文化反映了不同社会群体的生产生活方式、价值观念、历史传承等方面的特殊性，是人类智慧和创造力的结晶。这些特色文化是人类文化多元性的重要保障，也是人类文化遗产中不可替代的财富。

在经济全球化的大背景下，各民族、各地区的特色文化面临着同质化和消失的威胁。这种文化同质化的趋势不仅对各民族、各地区特色文化的传承和发展构成了较大挑战，同时对整个人类文化多样性的生存与发展构成挑战。在这种情况下，非遗传承的意义就凸显了出来。非遗传承不仅有助于防止各民族、各地区特色文化的消失，还能够为其提供传播和发展的空间，让这些特色文化可以得到更好地传承和发展，进而推动文化多样性的繁荣和发展。

非遗传承能够促进各民族、各地区特色文化在新的历史条件下进行创新和发展。随着社会的不断变化和发展，各民族、各地区特色文化也面临着新的挑战和机遇。通过对传统文化的研究和创新，各民族、各地区的特色文化可以在新的历史条件下得到更好的发展。

非遗传承对于各民族、各地区特色文化的保护和发展具有重要的意义。通过对非遗的保护与传承，各民族、各地区的特色文化可以得到更好地传承和发展，从而推动文化多样性的推广和繁荣，促进文化交流与合作，进而推动人类文化的多样性和创新。

在实践中，需要采取一系列措施来保护与传承各民族、各地区特色文化。首先，需要通过制定相关法律法规和政策，保护和支持非遗传承。其次，需要加强非遗传承的宣传和推广，提高公众对非遗传承的认识和重视程度。此外，还需要积极开展相关研究和培训，提高非遗传承的技能和水平。

非遗传承还需要得到全社会的共同关注和参与。只有各级政府、社会团体、学术界、媒体和公众齐心协力，才能真正保护好各民族、各地区特色文化，推动非遗传承的繁荣和发展，进而促进人类文化的多样性和创新。

（二）丰富人类文化遗产

非遗传承对于人类文化遗产的保护和发展具有更深层次的意义。人类文化遗产是人类文明发展的见证和产物，是人类共同的精神财富，包括物质和非物质两种形式。其中，非遗是各民族、各地区的文化智慧、价值观念、生产技术等方面的表达，是人类文化多样性和丰富性的重要组成部分。

非遗传承通过保护与传承各民族、各地区的非遗，不仅使这些文化遗产得以延续和发展，还可以为人类文化遗产的丰富性和多样性提供持续的动力。一方面，非遗传承不仅使这些非遗得以传承，从而保留了人类文化遗产的历史和传统，还使人们更好地了解和认识了各民族、各地区的历史、文化和传统，促进了不同文化之间的相互理解和交流。另一方面，非遗传承也为全球范围内的文化交流提供了平台。在现代化、经济全球化的背景下，文化同质化的趋势日益显现。非遗传承为各民族、各地区的非遗提供了保护与传承的平台，使得这些非遗得以更好地传播和发展，为人类文化多样性的繁荣和发展提供了持续的动力。

非遗传承在实践中，需要采取一系列措施来保护与传承各民族、各地区的非遗。

首先，需要加强对非遗传承的法律保护和政策支持。其次，需要开展相关的调研和研究，深入了解各民族、各地区的非遗特点和传承情况。最后，需要加强对非遗传承的宣传和推广，提高公众对非遗的认知和重视程度。

另外，还需要得到全社会的共同关注和参与。只有各级政府、社会团体、学术界、媒体和公众共同参与，才能促进文化多样性的繁荣和发展。具体来说，可以通过加强非遗传承的教育和培训，提高非遗传承的技能和水平；加强与非遗传承相关的学术研究和交流，提高对非遗的理解和认识；加强对非遗传承实践的监测和评估，及时发现和解决存在的问题和难点。

需要强调的是，非遗传承的意义和价值不仅在于保护与传承各民族、各地区的非遗，更重要的是为人类文化遗产的丰富性和多样性提供持续的动力。通过非遗传承，人们可以更好地了解和认识人类文化遗产的历史和价值，同时为人类文化多样性和创新注入新的动力和活力。因此，保护与传承各民族、各地区的非遗，推动非遗传承的繁荣和发展，是每个人的责任和使命。

（三）促进文化创新与发展

非遗传承的文化创新与发展，是一个民族、地区文化与经济全球化、现代化进程之间的交融与碰撞，既是对传统文化的承袭与传承，更是对传统文化的创新和发展。因此，如何在非遗传承中实现文化创新与发展，是保护与传承各民族、各地区非遗的一个关键问题。

非遗传承的文化创新与发展需要从传统文化的内部进行探索和改造。这意味着非遗传承要深入挖掘传统文化的内涵和价值，理解其在当代社会的意义和价值，并以此为基础进行创新和发展。例如，在传统的非遗技艺中，可以探索新的材料和技术，开发新的产品和工艺，增加产品的附加值和市场竞争力；在非遗表演中，可以结合当代艺术形式和风格，创造新的表演形式和内容，吸引更多的观众。

非遗传承的文化创新与发展需要与现代化和经济全球化进程相结合。这意味着非遗传承要适应当代社会的需求和变化，与时俱进，拥抱现代化和经济全球化进程。例如，在传统的非遗技艺中，可以引入现代设计理念和生产方式，打造具有时尚感和艺术价值的非遗产品；在非遗表演中，可以结合现代技术和音乐形式，创造具有现代艺术审美要求的非遗演出。这样的文化创新与发展，不仅能够提高非遗的社会价值和经济效益，也能够推动人类文化多样性和文化交流。

非遗传承的文化创新与发展需要加强对非遗传承实践的监测和评估。这意味着非遗传承要及时发现和解决传承实践中存在的问题和难点，以便更好地推动非遗传承的文化创新与发展。例如，对非遗传承实践中存在的技艺失传、文化演变等问题进行研究和分析，寻找解决问题的途径和方法，推动非遗传承的创新和发展。

因此，非遗传承的文化创新与发展，是各民族、各地区非遗保护与传承的重要任务，也是推动文化多样性和文化交流的重要途径。要实现非遗传承的文化创新与发展，需要在保护与传承传统文化的基础上，通过内部挖掘、与现代化和经济全球化相结合，以及加强监测和评估等方式，不断推动非遗传承的创新和发展，提高非遗的社会价值和经济效益，为人类文化遗产的繁荣和多样性作出贡献。

非遗传承的文化创新与发展还需要加强各方面的交流和合作。例如，加强政府、学术机构、非遗传承机构和社会组织等各方面的交流和合作，共同推动非遗传承的创新和发展。同时，需要加强国际交流和合作，促进各国之间非遗传承的互学互鉴，推动人类文化遗产的繁荣和发展。

（四）提高文化自觉和文化自信

非遗传承对于提高各民族、各地区的文化自觉和文化自信具有深远意义，这不仅关乎各民族、各地区文化的传承和发展，也涉及人类文明和文化多样性的未来。

非遗传承有助于提高各民族、各地区的文化自觉。文化自觉是一个民族、地区对于自身文化传统的了解和认知，是对于自身文化传统的认同和珍视。非遗传承通过保护、传承和传播本民族、本地区的非遗，让各民族、各地区的人民更加深入地了解和认识自己的文化传统，从而提高了对本民族、本地区文化的自觉程度。这种文化自觉不仅有助于保持和传承本民族、本地区的文化传统，也能够增强对本民族、本地区文化的认同感和归属感，从而促进民族团结和文化自信的建立。

非遗传承有助于提高各民族、各地区的文化自信。文化自信是对本民族、本地区文化的自豪感和信心，是对自身文化传统的自信和自强。非遗传承通过保护、传承和传播本民族、本地区的非遗，让各民族、各地区的人民更加深刻地认识到自己的文化传统的独特性和价值，从而提高了对本民族、本地区文化的自信程度。这种文化自信不仅有助于抵御文化同质化的威胁，也能够增强各民族、各地区的文化自信心，促进民族交流和文化交流的深入展开。

非遗传承有助于促进文化多样性和人类文明的繁荣发展。人类文化多样性是人类文明发展的重要标志，也是人类文化发展的重要动力。非遗传承通过保护与传承各民族、各地区的非遗，促进了文化多样性的发展和文化交流的深入开展，从而为人类文明的繁荣发展提供了保障和动力。非遗传承在全球范围内的推广和应用，也有助于增强人类文明和人类文化的传承与传播。

非遗传承还有助于促进文化交流和文明互鉴。随着经济全球化和信息技术的发展，不同民族、地区之间的文化交流和互动变得更加频繁和深入。非遗传承作为各民族、各地区文化的重要组成部分，为文化交流提供了独特的资源和契机。通过非遗传承的交流和合作，各民族、各地区可以相互了解和学习，从而推动文化交流和文明互鉴。这种文明互鉴是多元文化共存的基础，也是推动人类文化发展的动力。

非遗传承在维护文化多样性、促进文化创新与发展、提高文化自觉和自信、促进文化交流和文明互鉴等方面发挥了重要作用。未来，随着经济全球化和现代化的深入发展，非遗传承将面临新的挑战和机遇，需要各国、各民族、各地区共同努力，加强合作，创新传承方式和手段，推动非遗传承的繁荣和发展，为保护与传承人类非遗作出更大的贡献。

（五）促进跨文化交流与理解

非遗传承促进了跨文化交流与理解，这种交流和理解是深层次的，需要在多方面展开讨论。

非遗传承可以为各国人民提供了解和尊重其他文化的机会，从而提高自己的文化自觉和自信。这样的互相了解可以帮助人们更好地相处，构建跨文化友谊和信任。

非遗传承还有助于促进文化融合和创新。文化融合和创新是一种深层次的跨文化交流。在非遗传承的过程中，各种文化传统相互碰撞，产生新的火花，可以发现各种文化的共性和个性，可以将不同的文化元素融合起来，创造出全新的文化形式。这样的文化融合和创新不仅丰富了人类的文化遗产，也促进了跨文化交流和理解。

非遗传承还可以促进文化产业的跨国交流和合作。随着非遗的国际化趋势，各国的非遗也在不断创新和发展，因此非遗产业形成了一个重要的文化产业。非遗产业的发展需要跨国交流和合作，这种交流和合作需要各国政府和企业之间建立起平等、尊重和信任的关系，从而实现互利共赢。通过非遗传承的跨文化交流，各国之间的交流和合作更加顺畅和自然，可以为非遗产业的发展提供有力保障。

非遗传承的跨文化交流还可以促进全球文化多样性的保护和发展。各种文化之间的交流和融合不仅可以创造出新的文化形式，也能够保护与传承原有的文化遗产。文化多样性是人类文明的重要组成部分，也是世界和平与发展的重要基础。通过非遗传承的跨文化交流和理解，各国人民可以更好地保护与传承自己的文化遗产，也能够更好地理解和尊重其他文化。

在跨文化交流与理解方面，非遗传承的作用也不仅仅是单向的。通过非遗传承，各民族、各地区的人们可以分享自己的文化传统，同时可以从其他民族、地区的文化传统中获得灵感和启示。这种相互交流和学习促进了文化的多元化，使各文化得到更为广泛的认同和传播。

非遗传承也有助于建立跨文化对话的平台。在经济全球化的背景下，文化冲突和误解时有发生，而非遗传承通过文化交流和理解的方式，为解决跨文化冲突提供了新的思路和途径。各民族、各地区的非遗作为其文化的核心，具有深远的历史和传统。通过非遗传承，各民族、各地区可以在平等和尊重的基础上进行对话，增进相互理解和信任，能够为构建和谐世界提供有益的实践经验。

非遗传承在促进跨文化交流与理解方面具有重要意义。通过非遗传承，各民族、各地区之间的文化交流和对话得以深化和扩展，不仅可以增进相互了解和尊重，还可以为全球和平与发展作出重要贡献。

（六）提升民族精神与文化品质

非遗传承对于提升民族精神和文化品质具有深远的影响。非遗传承有助于加强民族认同感和文化自信心。非遗是一个民族的独特标志。通过对它的传承，人们可以更深入地了解和认识自己的文化传统，从而增强对自己文化的认同感和归属感。这种认同感和归属感是形成民族精神的基础，有助于推动民族文化的传承和发展。

非遗传承有助于传承和弘扬民族的核心价值观。非遗往往蕴含着民族的智慧、信仰和价值观等精神内涵，是民族文化的核心和灵魂。对非遗的传承和弘扬，可以让这些核心价值观得到传承和发扬光大，进而提升民族的文化品质和道德水准。例如，中国的书法、绘画、民间音乐等非遗，既具有艺术价值，又蕴含着中国人的传统文化观念和价值观，对于弘扬中国文化、提升中国文化品质具有重要作用。

非遗传承还有助于提升人们的审美情趣和文化品位。对非遗的保护与传承，可以让人们接触到更多的传统文化元素，培养人们对传统文化的兴趣和热爱，提高人们的文化素养和审美水平。这种提高文化品位的过程是一个不断学习和感悟的过程，可以不断激发人们的创新意识和创造力，推动民族文化的发展和进步。

非遗传承有助于推动民族文化的创新和发展。在保护与传承传统文化的基础上，非遗传承也鼓励各民族对传统文化进行发掘，发掘传统文化在当代社会的新意义和价值。这种对传统文化的创新和发展，可以让非遗在新的历史条件下焕发新的生命力，为民族文化的发展和繁荣提供支持和动力。

非遗传承对于塑造民族精神和文化品质还具有重要意义。非遗所传承的不仅是技艺和知识，还有对人生、自然、宇宙等方面的思考和认识，以及对生命、社会的态度和价值观。这些精神内涵与价值观在非遗传承的过程中得以延续，为民族文化的核心价值观提供了支持。例如，中国的太极拳不仅是一门传统的武术技艺，还蕴含着中华文化的哲学思想，如阴阳平衡、柔中带刚等，成为中国文化的重要代表之一。

在非遗传承中，这些精神内涵和价值观得到了弘扬，有助于形成民族文化的特色和个性，为民族精神的塑造和文化品质的提升提供了有力支持。同时，非遗传承也在保护和传播非遗的过程中，提升了人们的审美情趣和文化品位，使人们能够更好地理解和欣赏非遗所蕴含的精神内涵和价值观，促进了社会道德风尚的提升。

非遗传承对于提升民族精神和文化品质具有重要意义。它不仅是对传统文化的保护与传承，更是对传统文化的创新和发展，通过弘扬非遗中的精神内涵和价值观，为民族精神的塑造和文化品质的提升提供了支持，推动了文化多样性。

（七）促进可持续发展

非遗传承与可持续发展密切相关，主要有以下几个方面的关联：

（1）非遗传承有助于传承与自然和谐相处的传统文化。非遗传承的传统知识和技艺往往包含了与自然相处的智慧和经验。这些传统文化和技艺有助于维护生态平衡，减少对自然环境的破坏，促进可持续发展。比如，一些农业民俗文化活动，如水稻收割、祭祀仪式等，都是基于与自然和谐相处的传统文化而发展起来的。这些传统文化对于促进当地农业的可持续发展、提高生产效率、减少对自然资源的破坏具有重要意义。

（2）非遗传承有助于维护生态文化多样性。每个地区都有自己独特的传统文化和技艺，这些文化和技艺都是人类对自然环境的认知和反映。通过非遗传承的方式，各地传统文化得以传承和发展，为生态文化多样性提供了重要保障。这有助于防止文化同质化和生态单一化现象的发生，维护生态系统的完整性和稳定性。

（3）非遗传承有助于保护和发展生态旅游业。非遗传承的一些文化和技艺往往与旅游业密切相关，如民俗节庆、手工艺品制作、音乐舞蹈表演等。这些传统文化和技艺不仅能够吸引游客，促进旅游业的发展，也能够促进当地经济的发展，从而实现可持续发展。

（4）非遗传承有助于促进社区可持续发展。非遗传承往往涉及许多社区，这些社区通过非遗传承得以保护和发展自己的传统文化和技艺。这有助于促进社区可持续发展，提高社区居民的生活质量和幸福感。通过非遗传承，社区还能够发展本地特色产业，吸引投资，增加就业机会，促进社区经济的发展。

（5）非遗传承还可以促进文化旅游的发展，为地方经济发展提供新动力。很多非遗都和旅游有关，如某些传统节日、民间艺术表演等，这些都成了吸引游客的重要景点和活动。因此，非遗传承可以促进文化旅游的发展，为地方经济注入新的活力，促进就业，提高人民生活水平。

需要注意的是，非遗传承也面临着一些挑战和问题。

首先，非遗的保护与传承需要大量的人力、物力和财力投入。其次，非遗传承面临着文化同质化、商业化等问题的挑战，而如何在保护传统文化的同时实现现代化和商业化的发展也是一个重要的问题。

为了更好地促进非遗传承的发展，需要各级政府和社会各界的共同努力。政府可以通过制定相关政策和法规、提供资金和技术支持、加强非遗传承的宣传和推广等方式来促进非遗传承的发展。同时，社会各界也可以通过各种形式的支持和参与，如组织文化活动、开展志愿服务等方式来促进非遗传承的发展。

非遗传承是人类文化多样性的重要组成部分，也是实现可持续发展的重要手段之一。加强非遗的保护与传承，可以为人类文化遗产的丰富性和多样性注入新的活力，为世界和平、文化交流和可持续发展作出更大的贡献。

综上所述，非遗传承在保护各民族、各地区特色文化，丰富人类文化遗产，促进文化创新与发展，提高文化自觉和文化自信，促进跨文化交流与理解，提升民族精神与文化品质以及促进可持续发展等方面具有重要意义。所以，人们应该更加重视非遗传承的工作，加大非遗保护、传承和发展的力度，为维护人类文化多样性和实现可持续发展作出贡献。

二、非遗传承有助于促进文化传承

非遗传承在促进文化传承方面发挥着至关重要的作用。非遗承载着各民族世代相传的智慧、技艺和生活经验，它们既是民族文化的重要组成部分，也是民族历史的见证者。非遗传承不仅保留了这些珍贵的文化资源，还提供了一个了解民族历史和传统的重要窗口。

（一）非遗传承对于增强民族认同感具有重要意义

非遗传承对于增强民族认同感的意义是深远的。民族认同感是人们对于自己所属民族的认同和归属感，是构建民族团结和民族意识的重要基础。在经济全球化和多元化的时代背景下，民族认同感的强化对于维护民族团结、促进社会和谐具有重要意义。

非遗传承通过传承、弘扬民族传统文化，提升了人们对民族文化的认同感和归属感。一方面，非遗项目的传承和发展，可以使人们更加深入地了解自己的民族文化和历史，从而增强自己的民族认同感。例如，蒙古族的马头琴、藏族的唐卡绘画等非遗项目，都是具有浓厚民族特色的文化遗产，传承这些非遗项目，不仅有助于弘扬各民族的文化传统，同时有助于加深各民族对自身民族身份的认同。另一方面，非遗传承还可以加强不同民族之间的沟通和交流，促进民族间的交融和互相理解，从而进一步增强民族认同感。

非遗传承还有助于引导人们形成文化自信，提高民族文化的自信心和自豪感，增强民族团结和凝聚力。传承和弘扬非遗项目，可以让人们更加自觉地维护和传承自己的民族文化，促进民族文化的繁荣发展，进而增强文化自信心和自豪感。

总之，非遗传承对于强化民族认同感具有深远的意义。它可以通过传承、弘扬和创新民族传统文化，提升人们对民族文化的认同感和归属感，同时引导人们形成文化自信心和自豪感，增强民族团结和凝聚力。

（二）非遗传承有助于传递民族文化价值观

非遗传承是传递民族文化价值观的一种重要手段，它不仅仅是传承民族文化的具体方式，更是传递民族文化价值观的途径。民族文化价值观是一种具有历史积淀和社会认同的信仰、道德、习俗和规范等集合体，是民族文化的核心价值，具有丰富的内涵和多元的表现形式。

在非遗传承中，民族文化价值观得以延续和传承。各个非遗项目中都蕴含着丰富的民族文化价值观，如中国的春节习俗体现了家庭和睦、团聚亲情和重视祖先的价值观。这种价值观在非遗传承中得到发扬，不仅有助于提升人们的道德水平和审美品位，更能够对社会的和谐与稳定产生积极作用。

非遗传承也有助于推广民族文化价值观。非遗项目的展示和传播，可以让更多的人了解和认同民族文化价值观，从而促进各民族之间的文化交流和互鉴。这种文化交流和互鉴不仅有助于推广各民族文化价值观，更能够促进不同民族之间的和谐相处，增强民族间的交流与理解。

非遗传承还有助于促进社会道德和文化素质的提高。民族文化价值观是社会道德和文化素质的重要组成部分，它们体现了社会规范和个人行为准则。非遗传承能够传递这些价值观，让更多的人了解和遵循这些准则，从而提升整个社会的道德水平和文化素质。

非遗传承对于传递民族文化价值观具有重要意义。它能够延续和传承民族文化价值观，推广和宣传民族文化价值观，促进社会道德和文化素质的提高，从而为社会和谐与稳定、经济发展和民族精神文化建设作出积极贡献。此外，非遗传承也有助于加强各民族之间的交流和理解，促进民族融合与和谐。通过非遗传承，人们能够更好地了解和认识其他民族的文化价值观，增强民族交流和沟通的意识，增进民族团结和友谊。因此，非遗传承是一项非常重要的工作，需要得到各级政府和社会各界的关注和支持。

（三）非遗传承有助于促进民族文化创新

非遗传承不仅是对民族文化的保护与传承，更是对民族文化的创新和发展。民族文化与现代社会之间存在着紧密的关联性，如何在传承中保留文化传统的同时又能使其与时俱进，成为当前非遗传承所需要面对的一个重要问题。非遗传承的创新，不仅是对民族文化的再创造，更是对当代文化的再定义。

非遗传承的创新有两个方面，一是在技艺和表演艺术等方面进行的创新，另一方面是在文化内涵和精神层面进行的创新。在技艺和表演艺术方面，非遗传承能够吸收和融合新的艺术元素，加入现代化的元素，使得民族文化在新的形式和内容上得到拓展和升华。例如，传统织锦技艺可以应用于现代服装设计，传统民乐可以结合流行音乐进行演奏，传统舞蹈可以与现代舞蹈形式相融合，从而产生新的艺术形式，创造出新的文化价值。这种技艺和表演艺术的创新，不仅有助于非遗项目的传承和发展，还能为文创产业的发展提供源源不断的创新动力。在文化内涵和精神层面，非遗传承也在不断进行创新。民族文化不仅有丰富的物质文化遗产，更有丰富的非遗，其中蕴含着各种精神内涵和文化价值观。随着社会发展和时代变迁，这些价值观需要不断地被重新诠释和表达，才能更好地适应现代社会的需求和精神追求。非遗传承的创新，在这个层面上体现为对民族文化的重新定义和解读。例如，传统的乡村建筑不仅具有实用的功能，更代表了一种生活方式和文化认同，这种认同可以被重新定义为生态文明和可持续发展的观念；民族文化中的道德观念和价值取向也可以被重新诠释为现代社会所需要的社会价值观。

非遗传承的创新不仅有助于民族文化的传承和发展，也为民族文化带来了新的内涵和价值。在非遗项目传承过程中的创新，能够使人们更好地理解和把握民族文化的真谛，从而更好地将民族文化融入当代社会，推动民族文化的发展和进步。此外，非遗传承的创新还为文化多样性的推进提供了有益探索，增强了民族文化的包容性和创造力，为文创产业的发展带来了广阔的空间。

（四）非遗传承有助于跨文化交流和互动

非遗传承对于促进跨文化交流和互动具有重要意义。在经济全球化的进程中，不同民族之间的联系越来越紧密，文化交流也日益频繁。非遗传承作为各民族文化的重要载体，提供了一个交流和互动的平台，有助于加深人们对不同民族文化的了解和认识。

非遗传承使不同民族之间有了更多的交流机会。不同民族的非遗往往具有特色和精髓，这些特色和精髓通过非遗传承得以发扬。非遗传承不仅为各民族传统文化的保护和发展提供了有力支持，也为各民族之间的交流和互动提供了机会。比如，在非遗传承活动中，各民族的代表可以互相了解和学习对方的文化，分享经验和技艺。

非遗传承使不同民族之间的文化互动更加深入。非遗通常是各民族文化的精髓和瑰宝，它们反映了民族文化的核心价值观和生活方式。通过非遗传承，不同民族之间可以更深入地了解对方的文化，从而增进相互之间的理解和认同。这种文化互动可以打破文化隔阂和误解，促进不同民族之间的友谊和合作。

非遗传承有助于实现文化共生共荣。文化共生共荣是指不同文化之间相互融合、相互依存，实现共同发展和繁荣的状态。非遗传承通过促进跨文化交流和互动，各民族之间可以互相借鉴、融合和发展对方的文化，实现各民族文化的共同发展和繁荣。通过非遗传承，不同民族之间可以更深入地了解和认识对方的文化，增进互相之间的理解和认同，实现文化共生共荣。这种跨文化交流和互动有助于推动各民族之间的经济、科技、教育和文化等多个领域的合作与发展，促进世界各国的繁荣和发展。同时，非遗传承还可以为跨文化交流和互动提供更多的机会和平台。例如，国际非遗节和非遗展览等，为各民族之间的交流提供了更加广泛和深入的空间。这种跨文化交流和互动有助于促进文化多样性，能够为人类社会的发展进步作出积极贡献。

（五）非遗传承对于传播民族智慧具有重要价值

非遗传承对于传播民族智慧具有重要价值，这种价值不仅仅是因为非遗项目中蕴含了各民族长期积累的知识和智慧，更是因为这些知识和智慧对于当代社会的发展有着深远的影响。从以下几个方面深入探讨非遗传承对于传播民族智慧的重要价值。

（1）有助于弘扬民族精神。传统文化中的知识和智慧往往体现了民族的传统价值观、道德准则和思维方式，是民族精神的重要组成部分。通过非遗传承，人们能够更好地了解和传承民族精神，从而弘扬民族文化，提升民族认同感和归属感。

（2）有助于促进文化创新和提升创造力。传统文化中蕴含的知识和智慧往往是在实践中不断探索和创新的产物，具有很高的实用性和实践性。通过非遗传承，人们可以了解传统文化的实践价值，通过创新和改进，使之与现代社会相适应。这种创新不仅有助于保护与传承传统文化，也可以为现代社会的发展提供启示和指导。

（3）有助于促进文化交流和互动。不同民族之间的知识和智慧往往有着不同的特点和风格。通过非遗传承，不同民族之间可以相互了解、借鉴和融合彼此的文化传统。这种文化交流和互动有助于促进民族之间的理解与和谐，推动文化多样性和文化共生。

（4）有助于推动可持续发展。许多非遗项目中蕴含的知识和智慧与自然资源、生态环境的保护和利用息息相关。通过非遗传承，人们可以了解传统文化的可持续发展理念，发掘传统文化在现代社会的新意义和价值，从而为可持续发展提供借鉴和支持。

总之，非遗传承对于传播民族智慧具有重要价值。通过非遗传承，民族智慧得以传承和发扬，各民族之间的交流和合作也有利于推广。同时，民族智慧也可以为当代社会的发展提供宝贵的启示和借鉴，有助于推动科学技术、社会文化和生态环境等领域的发展。因此，非遗传承不仅是对传统文化的保护与传承，也是对民族智慧的传播和弘扬，是一个有益于推进人类文明发展的重要事业。

在面对经济全球化的挑战时，非遗传承将成为保护和发展民族文化的重要途径。各国政府和国际组织应当高度重视非遗保护与传承工作，制定和实施相关政策，加大对非遗项目的资金支持，推动非遗教育普及，培养非遗传承人，以确保这些宝贵的非遗得以传承和发展，为人类文明的繁荣作出贡献。

三、非遗传承有助于保护民族特色

非遗传承有助于保护民族特色，这一点尤为重要，因为民族特色是一个民族文化魅力和个性的体现。每个民族都有自己独特的历史、信仰、价值观和生活方式，这些元素构成了民族的文化特色。在经济全球化的大背景下，各民族文化面临着同化的压力，非遗传承成为捍卫民族文化特色的重要手段。

（一）非遗传承有助于保护民族特色的独特性

每个民族都有自己独特的非遗，这些非遗代表了民族的历史、地域和文化特点。通过非遗传承，各民族的非遗得以保护与传承，从而有力地维护了民族特色的独特性。

（二）非遗传承有助于促进民族交流

各民族在保护与传承非遗的过程中，可以相互学习、借鉴和交流。

这样的交流有助于加深各民族之间的了解和友谊，促进民族团结。同时，非遗传承也为民族文化的传播创造了条件，使各民族文化得以走向世界，增进国际的文化交流和理解。

（三）非遗传承有助于民族文化的反思和发展

在传承非遗过程中，民族文化得以反思，有利于民族文化的更新和创新。民族文化可以在传承和发展中不断丰富和完善，为现代社会提供更多有益的贡献。

非遗传承对于保护民族特色具有重要意义。在经济全球化的大背景下，非遗传承成为维护民族特色、增强民族认同感、促进民族交流和文化反思的重要途径。

四、非遗传承有助于维护民族身份

非遗传承有助于维护民族身份，这一点在经济全球化背景下尤为重要。民族身份代表着一个民族对自己文化、历史和传统的认同和归属感。在经济全球化进程中，各民族面临着文化同质化和价值观冲击的挑战，非遗传承成为维护民族身份的重要手段。

（一）非遗传承有助于保持民族文化传统

非遗是民族文化的重要组成部分，它承载了民族的历史记忆、生活方式和智慧。通过非遗传承，民族文化得以保存和发扬，从而确保各民族在经济全球化的大潮中依然能够保持自己的文化特点。

（二）非遗传承有助于弘扬民族精神

民族精神是一个民族的精神支柱，是民族自信、自尊和自强的体现。通过非遗传承，各民族的优秀文化传统得以弘扬，民族精神得到传承和发扬。这种精神支柱对于维护民族身份具有重要意义，能够使民族在面临挑战和困境时保持坚定和勇敢。

（三）非遗传承有助于促进民族交流与融合

在非遗传承的过程中，各民族可以相互交流、学习和借鉴。这种交流有助于增进各民族间的友谊和理解，缩小文化差异带来的隔阂。通过民族间的交流与融合，各民族能够在保持自身特色的同时，共同发展，为世界文化多样性作出贡献。

非遗传承对于维护民族身份具有重要意义。在经济全球化的大背景下，非遗传承成为保持民族文化传统、增强民族认同感、弘扬民族精神和促进民族交流与融合的重要途径。各国政府和国际组织应当高度重视非遗保护与传承工作，为维护民族身份、增进民族团结和促进文化多样性作出努力。

在经济全球化的背景下，非遗传承对于维护民族身份具有重要意义。通过实施一系列政策和措施，让非遗传承得到有效保护和发展，可以确保民族身份得以维护，为文化多样性的繁荣和人类文明的发展提供重要的支撑和助力。

五、非遗传承对于社会经济发展具有积极意义

非遗传承对于社会经济发展具有积极意义，这主要体现在以下几个方面：

（一）非遗传承有助于发展文化产业

非遗是一种宝贵的文化资源，可以为文化产业提供源源不断的创意和素材。对非遗进行创新性的挖掘和利用，可以推动文化产业的繁荣发展。例如，将非遗元素融入影视、动漫、游戏等领域，不仅可以丰富文化产品的内涵，还可以提高文化产品的市场竞争力。

（二）非遗传承有助于促进旅游业发展

非遗作为各地区独特的文化符号，具有很高的旅游价值。开发非遗旅游产品，可以吸引更多游客，推动旅游业的发展。同时，非遗旅游可以使游客更好地了解当地的历史、文化和风俗，提高游客的旅游体验。

（三）非遗传承有助于带动地区经济发展

非遗产业可以为地区经济发展提供新的增长点。发展非遗相关产业，如手工艺品制作、非遗表演等，可以为当地居民提供就业机会，促进地区经济增长。此外，非遗产业还可以带动相关产业链的发展，如文创产业、非遗培训产业等，从而形成产业集群效应，进一步推动地区经济发展。

（四）非遗传承有助于提高人民生活水平

非遗传承中的技艺、知识和智慧可以为人们的生活提供丰富的精神文化享受。同时，非遗产业的发展可以增加居民收入，改善生活条件，提高人民生活水平。非遗传承还可以提高人们的文化素养和审美情趣，丰富人们的精神文化生活。

非遗传承对于社会经济发展具有积极意义。通过发展非遗产业、旅游业等领域，非遗传承可以为地区经济发展提供新的动力，促进就业，提高人民生活水平，实现文化和经济的双重发展。为了更好地发挥非遗传承的经济价值，各级政府和社会各界应当加大对非遗传承的支持和投入，推动非遗产业和旅游业的健康发展。

发展非遗产业是非遗传承的重要组成部分。随着文化产业的兴起，非遗产业已成为推动地区经济发展的重要力量。各地政府应当加强对非遗产业的扶持和引导，通过优化政策环境、加大财政支持、提供人才培训等方式，推动非遗产业的发展。同时，各地也应当加强对非遗产品的保护和规范，保护非遗产业的品牌和形象，提升非遗产品的市场竞争力。

发展非遗旅游业也是非遗传承的重要途径。非遗旅游是将非遗项目作为旅游资源进行开发利用，能够为地方经济带来较大的收益和就业机会。各地政府应当积极引导非遗旅游的开发，发挥非遗项目的旅游价值，提高旅游产品的品质和吸引力，推动非遗旅游业的健康发展。

各级政府和社会各界还应当加强对非遗传承的支持和投入，通过加强非遗传承的宣传和推广，提高公众对非遗项目的认知和理解；通过加强非遗传承的培训和人才引进，提升非遗传承者的技能和水平；通过加强非遗传承的保护和规范，保护与传承好非遗项目。

六、非遗传承有助于国际交流与合作

非遗传承在国际交流与合作中发挥着重要作用，具体表现在以下几个方面：

（一）非遗传承有助于增进国际的文化理解与尊重

在经济全球化的大背景下，各国之间的文化交流日益频繁。非遗传承作为一个展示各国独特文化的重要平台，可以让国际社会更好地了解和尊重彼此的文化传统。通过非遗传承，各国可以发现不同文化之间的共性和差异，学会尊重和欣赏文化多样性，为国际的友好合作创造良好的氛围。

（二）非遗传承有助于促进国际的文化交流与合作

通过非遗传承的平台，各国可以分享各自的文化遗产，学习彼此的优秀文化传统。这种交流与合作可以激发文化创新，促进文化产业的发展。同时，国际的文化交流与合作还可以推动非遗保护与传承工作的国际化，为全球非遗保护与传承提供有力支持。

（三）非遗传承有助于共同探讨文化保护与传承的方法和途径

在非遗保护与传承的过程中，各国面临着许多共同的挑战，如文化同质化、非遗传承人才短缺等。通过国际交流与合作，各国可以共同探讨和分享文化保护与传承的经验和方法，为非遗保护与传承提供有效路径。

（四）非遗传承有助于构建人类命运共同体

非遗作为人类共同的文化遗产，对于构建人类命运共同体具有重要意义。通过非遗传承，各国可以共享文化资源，实现文化的共同繁荣。非遗传承有助于增进各国人民之间的理解和友谊，为全球和平与发展作出贡献。

非遗传承对于国际交流与合作具有重要意义。通过非遗传承，各国可以增进彼此的文化理解与尊重，促进国际的文化交流与合作，共同探讨文化保护与传承的方法和途径，为构建人类命运共同体和实现各国人民的共同发展与繁荣提供重要支撑。

非遗传承是促进国际交流与合作的重要途径。各国的非遗项目都是其独特的文化遗产，通过非遗传承，各国可以互相了解、尊重和欣赏彼此的文化，增进文化理解和友谊。非遗传承也为各国提供了共同探讨文化保护与传承方法的平台。各国可以分享自己在文化保护与传承方面的经验和成果，共同寻求解决问题的途径和方法，促进各国文化保护与传承事业的健康发展。

非遗传承还可以促进国际的文化交流与合作。随着经济全球化的发展，各国之间的联系越来越密切，文化交流与合作也愈加频繁。非遗项目作为文化遗产的重要组成部分，具有丰富多样、独特鲜明的特点，能够为各国文化交流与合作提供重要的内容和素材。通过非遗传承，各国可以将自己的文化遗产推广到全球，与其他国家和地区进行文化交流与合作，探索文化融合与发展的新途径。

　　非遗传承对于国际交流与合作具有重要意义。通过非遗传承，各国可以加深文化理解与尊重，促进文化交流与合作，共同推动各国文化保护与传承事业的健康发展。在未来，各国还应该进一步加强非遗传承的合作与交流，推动世界各国文化的多样性和繁荣。

　　总之，非遗传承对于弘扬文化多样性、促进文化传承、保护民族特色、维护民族身份、促进社会经济发展以及国际交流与合作具有重要的意义与价值。在经济全球化和社会转型的背景下，各国应当更加重视非遗传承，采取有效措施保护与传承非遗，为世界文化多样性和人类创造性的繁荣作出更大贡献。

第三节　非遗保护与传承的进展

　　自 2003 年联合国教科文组织通过《非遗公约》以来，非遗保护与传承在全球范围内取得了显著的进展，可以从六个方面展开论述，如图 1-2 所示。

国际合作与交流加强

非遗名录推广

国家和地区立法与政策制定

非遗保护
与传承的
进展

社会参与度提高

教育与科研领域的发展

创新与发展

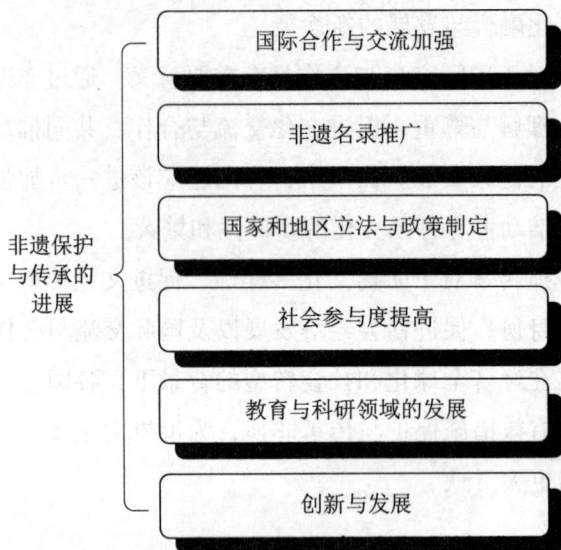

图 1-2　非遗保护与传承的进展

一、国际合作与交流加强

《非遗公约》实施以来，国际合作与交流在非遗保护与传承领域得到了显著加强，具体表现在以下几个方面：

（一）国际会议和活动的举办促进了各国间的非遗保护与传承经验交流

联合国教科文组织通过组织各类国际会议、研讨会和活动，使各国有机会就非遗保护与传承问题进行讨论，共享成功经验和案例。这种交流方式有助于加深各国对非遗保护与传承工作的理解，拓宽视野，提高工作水平。

（二）国际培训项目的开展增强了非遗保护与传承的专业能力

联合国教科文组织和其他国际组织举办的非遗保护与传承培训项目，为来自不同国家的专业人士提供了学习和交流的平台。这些培训项目有助于提高参与者的专业素养，增强各国在非遗保护与传承领域的实际操作能力。

（三）国际研究活动的推进助力了非遗保护与传承理论创新

各国通过参与联合国教科文组织及其他组织的国际研究活动，不断拓展非遗保护与传承领域的研究视角和方法。这些研究活动有助于丰富和完善非遗保护与传承理论体系，为各国提供更加科学、有效的保护与传承策略。

（四）双边协议的签署为非遗保护与传承提供了更加具体的合作框架

许多国家通过与其他国家签署双边协议，明确合作领域、方式和期限，共同推进非遗保护与传承工作。这种合作方式可以使各国更加有针对性地开展非遗保护与传承项目，充分发挥各自的优势和特点，提高非遗保护与传承的实效性。

《非遗公约》的实施为各国在非遗保护与传承领域的合作与交流提供了有力保障。各国积极参与联合国教科文组织的国际会议、培训项目和研究活动，分享了非遗保护与传承方面的经验和成果，加强了彼此之间的联系并互相借鉴。

联合国教科文组织定期举行的国际会议是非遗保护与传承领域的重要平台。这些会议汇集了来自世界各地的非遗专家和学者，共同探讨了非遗保护与传承的问题，交流了经验和思想，以寻求合作和发展的机遇。此外，联合国教科文组织还组织了一系列的培训项目和研究活动，为各国的非遗保护与传承工作提供了专业的指导和支持。

各国积极参与这些国际会议、培训项目和研究活动，通过与其他国家和地区的交流和合作，学习和借鉴其他国家在非遗保护与传承方面的经验和成果，推进自己国家的非遗保护与传承工作的开展。例如，中国积极参与联合国教科文组织组织的各类活动，推动非遗保护与传承的工作。目前，中国已有 43 个非遗项目被列入联合国教科文组织的非遗名录名册。

《非遗公约》为各国在非遗保护与传承领域的合作与交流提供了有力保障。通过参与联合国教科文组织组织的各类活动，各国能够了解其他国家和地区的非遗保护与传承工作，分享自己的经验和成果，推动全球非遗保护与传承的发展。在未来，各国还应该进一步加强与联合国教科文组织的合作，共同推动非遗保护与传承事业的健康发展。

二、非遗名录推广

非遗名录推广在联合国教科文组织框架下发挥着重要作用，具体体现在以下几个方面：

（一）非遗名录为各国展示和推广本国非遗提供了权威平台

"人类非物质文化遗产代表作名录""急需保护的非物质文化遗产名录"等名录的设立，使各国有机会在国际舞台上展示自己的非遗。这些名录有助于增进国际社会对各国非遗的了解和认可，提高非遗在全球范围内的知名度。

（二）非遗名录推广有助于提高各国非遗保护与传承的社会影响力

通过在名录中展示本国的非遗项目，各国可以向国际社会传递非遗保护与传承的重要信息，提高非遗保护与传承在国际舆论场的关注度。这种关注度的提高可以进一步促使各国政府和社会各界重视非遗保护与传承工作，形成有利于非遗保护与传承的良好社会氛围。

（三）非遗名录推广有助于促进各国非遗项目的传承与发展

入选名录的非遗项目将得到更多的国际关注和支持，为非遗项目的保护、传承和发展提供有力保障。同时，名录推广也有助于激发各国非遗项目的创新活力，推动非遗项目在传承中不断发展，更好地适应时代变迁。

（四）非遗名录推广有助于加强国际的非遗保护与传承合作

通过名录推广，各国可以了解其他国家的非遗保护与传承实践和经验，从而在保护与传承本国非遗项目的过程中汲取有益借鉴。此外，名录推广还可以促进各国在非遗保护与传承领域的交流与合作，共同应对非遗保护与传承面临的挑战。

非遗名录推广在联合国教科文组织的框架下发挥着关键作用。通过这些名录的宣传和推广，各国非遗得到了更广泛的认可和关注，促进了非遗项目的保护与传承。同时，非遗名录也为非遗项目提供了国际交流和合作的平台，促进了不同国家和地区之间在非遗领域的交流和合作。

联合国教科文组织设立的非遗名录不仅仅是对非遗项目的认可和保护，更是促进各国文化交流和多元文化发展的重要手段。通过宣传和推广这些名录，各国能够更好地保护与传承自己的非遗项目，也能够借助国际交流的平台，了解其他国家和地区的非遗项目，实现互相借鉴和共同发展。

非遗名录也为非遗项目的推广和传承提供了重要支持。作为非遗项目的代表，被列入名录的项目能够得到更多的关注和支持，吸引更多人参与非遗保护与传承的工作。同时，非遗名录的宣传和推广也能够促进非遗旅游的发展，提高非遗项目的知名度和价值，为非遗项目的传承和发展提供经济支持和发展机遇。

非遗名录与项目推广在联合国教科文组织的框架下发挥着重要作用，

为各国和地区保护与传承非遗提供了国际认可和支持。在未来，各国和地区还应该进一步加强对非遗名录和项目的宣传和推广，提高非遗项目的认可度和知名度，推动非遗保护与传承工作的顺利开展。

三、国家和地区立法与政策制定

国家和地区立法与政策制定在非遗保护与传承方面发挥着重要作用，具体表现在以下几个方面：

（一）立法与政策制定为非遗保护与传承提供了法律依据和保障

各国家和地区通过出台相关法律法规，明确非遗保护与传承的原则、目标和措施，确保非遗保护与传承工作的顺利进行。例如，中国颁布并实施的《非遗法》不仅为非遗保护与传承提供了全面规范，也为非遗保护与传承工作提供了法治保障。

（二）立法与政策制定推动了各国政府和社会各界共同参与非遗保护与传承

通过明确各级政府、企事业单位和社会团体在非遗保护与传承工作中的职责和义务，有关法律法规促使各方共同关注和支持非遗保护与传承工作，形成合力，确保非遗保护与传承取得实效。

（三）立法与政策制定加强了非遗保护与传承工作的组织与管理

许多国家设立了专门的非遗保护与传承机构，负责非遗保护与传承工作的统筹与实施。这些机构在政策指导下，开展非遗项目的甄别、申报、保护、传承等工作，确保非遗保护与传承工作的有序推进。

（四）立法与政策制定推动了非遗保护与传承工作的创新与发展

各国和地区根据本国非遗保护与传承的实际情况，制定符合自身特点的政策措施，鼓励非遗保护与传承创新。这种创新包括非遗项目传承模式、非遗资源的开发利用、非遗保护与传承的融合发展等多个方面，有助于推动非遗保护与传承事业的持续发展。

国家和地区立法与政策制定在非遗保护与传承方面发挥着关键作用。通过相关法律法规的出台和实施，各国和地区为非遗保护与传承提供了有力保障，推动了非遗保护与传承工作的顺利开展。此外，政策制定也为非遗保护与传承提供了必要的支持，包括资金支持、技术支持、人才培养等方面。

在国家和地区立法方面，许多国家和地区已经制定了相关的法律法规来保护与传承非遗。这些法律法规的出台为非遗保护与传承提供了法律保障，为相关工作提供了明确的指导。

在政策制定方面，各国和地区也积极采取了措施来支持非遗保护与传承工作。例如，许多国家和地区设立了非遗保护基金，为非遗项目提供经费支持；还有一些国家和地区为非遗传承者提供培训和技术支持，帮助他们更好地传承和发展非遗项目。这些政策措施为非遗保护与传承提供了必要的支持和帮助，提高了非遗传承的效果和质量。

国家和地区立法与政策制定在非遗保护与传承方面具有重要作用，为非遗保护与传承提供了法律保障和政策支持，推动了非遗保护与传承工作的顺利开展。在未来，各国和地区还会继续加强立法和政策制定，为非遗保护与传承提供更好的保障和支持，实现非遗传承的长远发展。

四、社会参与度提高

社会参与度在非遗保护与传承进程中的提高具有重要意义，主要体现在以下几个方面：

（一）政府在非遗保护与传承中发挥着主导作用

政府是非遗保护与传承中的主导角色，可以透过强大的资源调动能力和政策执行力，提供非遗保护与传承工作所需的关键推动力。其中，政策制定、资金支持、宣传教育资源协调等多角度工作是其对非遗保护与传承的重要贡献。

政策制定在非遗保护与传承中有着至关重要的地位，它为整个保护与传承工作提供了制度性保障。政府通过立法和制定相应的政策规定，明确非遗保护与传承的权责，规范相关活动，从而为非遗的保护与传承提供了行动准则。此外，政策制定还可以有效地引导和激励社会各界参与非遗保护与传承工作。

资金支持则是非遗保护与传承工作的物质基础。政府通过财政投入、项目资助等方式，为非遗保护与传承提供了必要的资金保障。这些资金被用于非遗项目的保护、修复、研究、传承等多个方面，保证了非遗保护与传承工作的顺利进行。

宣传教育活动则是政府在非遗保护与传承中的重要举措，其目的在于提高公众对非遗的认知度和理解度，激发社会各界对非遗保护与传承的热情和兴趣。通过各种形式的宣传活动，如媒体报道、公众讲座、展览展示等，使非遗走进公众视野，提高公众的文化素养和责任感。

政府还利用其资源协调能力，推动非遗保护与传承的多元化发展。政府将非遗保护与传承工作纳入其社会发展计划，引导和协调各方资源，包括非政府组织、社区、企业、学术机构等，使其共同参与非遗保护与传承工作，使非遗保护与传承工作更具广泛性和多元化。

政府在非遗保护与传承中发挥了不可或缺的主导作用，其政策制定、资金支持、宣传教育和资源协调等工作，为非遗保护与传承工作提供了坚实的基础。同时，政府的主导作用也为社会各界参与非遗保护与传承工作提供了条件和平台，推动了非遗保护与传承的多元化发展。

（二）非政府组织在非遗保护与传承中扮演着重要角色

非政府组织（NGO）在非遗保护与传承中发挥着积极而重要的角色。它们凭借特定的专业优势和广泛的人脉资源，进行深入的非遗项目调查、保护、传承和推广工作，对非遗保护与传承作出了显著的贡献。

非政府组织通常拥有明确的使命和目标，以及具有专业背景的成员，这使得它们能够进行深入、专业的非遗项目调查。这些调查工作旨在发现、记录和理解非遗，为非遗保护与传承提供翔实的基础数据。同时，非政府组织还能借助其人脉资源，联系到非遗项目的原创者、传承人和相关社区，从而进行更全面、深入的调查。

在非遗保护工作中，非政府组织通过实施保护项目，确保非遗的物理和文化环境得到妥善维护。这些项目可能涉及非遗的修复、保养、保存等方面，保证非遗在物质和文化层面上的延续。

传承是非遗保护工作的重要组成部分，非政府组织通过实施非遗教育和培训项目，推动了非遗的传承。这些项目通常旨在教授非遗技艺，传承非遗知识，激发人们对非遗的兴趣，培养下一代非遗传承人。

非政府组织还通过开展各类活动，如展览、演讲、研讨会等，推广非遗，使更多的人了解和欣赏非遗，从而提高非遗的社会影响力。

非政府组织的公益性质使得它们在非遗保护与传承中具有特殊的地位。它们通过组织公益活动和志愿者服务，动员社会力量参与非遗保护与传承工作，提高社会参与度。这些活动提供了一个平台，让公众有机会直接参与非遗保护与传承工作，增强了社会对非遗保护与传承的责任感和参与感。

非政府组织在非遗保护与传承中的作用是多元化的，它们不仅通过自身的专业知识和人脉资源进行非遗项目的调查、保护、传承和推广，而且通过开展公益活动和志愿者服务，动员社会力量参与非遗保护与传承工作，提高社会参与度。这些工作不仅有助于非遗的保护与传承，也有助于提升公众的文化素养和非遗保护意识，从而对非遗的长远发展产生积极影响。

（三）企事业单位为非遗保护与传承提供着多元化支持

企事业单位在非遗保护与传承中发挥着重要作用。它们具备强大的经济能力和社会影响力，通过资助非遗项目、赞助非遗活动、履行企业社会责任等方式，能够为非遗保护与传承提供多元化的支持，同时推动非遗的产业化发展，为非遗保护与传承创造更多的社会价值和经济价值。

企事业单位通过资助非遗项目，为非遗的保护与传承提供了重要的资金支持。这些资金可能被用于非遗的调查、保护、传承和推广等各项工作，为非遗保护与传承工作提供了物质保障，有助于非遗的长远发展。

赞助非遗活动是企事业单位支持非遗保护与传承的另一种方式。这些活动可能包括非遗展览、演出、讲座、研讨会等，通过这些活动，企事业单位不仅为非遗的传播和推广提供了平台。也提高了非遗的社会知名度和影响力，进一步激发了公众对非遗的兴趣和关注。

履行企业社会责任是企事业单位支持非遗保护与传承的重要方式之一。在经济全球化和社会责任理念影响下，越来越多的企事业单位开始认识到，参与非遗保护与传承是履行社会责任的重要途径，可以提升自身社会形象，增强自身社会责任感。

除了上述方式，企事业单位还可以利用自身的品牌和市场优势，推动非遗的产业化发展。例如，企事业单位可以将非遗元素融入产品设计，推出具有非遗特色的产品，将非遗从传统的手工艺领域引入现代消费市场，实现非遗的经济价值和社会价值的双重提升。同时，非遗产业化也有助于非遗的传承人获得稳定的经济收入，为非遗的传承提供了有力的经济支撑。

企事业单位的多元化支持对非遗保护与传承起到了至关重要的作用。在未来，期待看到更多的企事业单位参与非遗保护与传承，为非遗的长远发展提供更强大的支持。

（四）个人在非遗保护与传承中发挥着不可或缺的作用

传统手工艺人、民间艺术家和社区成为非遗传承的重要力量，他们通过传授技艺、组织活动、分享经验等方式，将非遗传承给后代。普通公众也越来越多地参与非遗保护与传承工作，通过参加非遗节庆活动、展览、研讨会和培训班，提高自己对非遗保护与传承的认识和关注度，为非遗保护与传承发展营造良好的社会氛围。

社会参与度的提高对非遗保护与传承具有积极意义。政府、非政府组织、企事业单位和个人共同参与非遗保护与传承工作，形成了一个多元化的合作网络，共同推进了非遗保护与传承事业的发展。在这个过程中，人们的意识和参与度得到了提高，非遗的传承和发展也得到了更好的保障。

政策和法律的制定也对非遗保护与传承发挥着重要作用。各国出台的非遗保护相关法律和政策，为非遗的保护、传承和发展提供了法律保障和政策支持。这些法律和政策的实施，有利于加大非遗保护的力度和程度，保证非遗的传承和发展得以顺利进行。

非遗保护与传承的创新与发展也是非常重要的。传统的非遗项目虽然具有历史和文化价值，但是随着时代的变化和社会的发展，需要不断进行创新和改进，以适应现代社会的需求和审美。此外，对于非遗项目的保护与传承，还需要与现代技术、艺术和设计的手段相结合，推动非遗项目的跨界融合与创新发展。

社会参与度的提高是非遗保护与传承的必要条件之一，需要全社会的共同努力，这样才能够更好地保护与传承非遗，实现非遗保护与传承事业的长远发展。

五、教育与科研领域的发展

教育与科研领域在非遗保护与传承的发展中具有举足轻重的地位。这主要表现在以下几个方面：

（一）教育领域将非遗知识融入了课程体系

越来越多的学校开始在课程设置中加入非遗知识，通过开设相关课程、组织实践活动、开展校园文化活动等方式，使学生在日常学习中接触和了解非遗。这不仅有助于培养学生的文化素养，还可以增强学生对民族文化的认同感和自豪感。此外，通过对非遗知识的学习，学生可以提高审美能力、创造力和想象力，为今后的职业生涯和人生发展奠定坚实基础。

（二）学术界对非遗保护与传承进行了广泛研究

众多学者和研究机构将非遗保护与传承纳入了研究领域，通过开展实地调查、收集资料、整理数据等方式，深入剖析了非遗保护与传承的现状、问题与挑战。基于研究成果，学者提出了一系列关于非遗保护与传承的理论观点和实践策略，为非遗保护与传承工作提供了科学指导。

（三）跨学科研究在非遗保护与传承中发挥了重要作用

非遗保护与传承涉及多个学科领域，如文学、法学、历史学、艺术学等。跨学科研究有助于对非遗保护与传承进行全面、深入的探讨，为非遗保护与传承提供更为丰富、多元的视角。通过跨学科研究，各个领域的专家学者可以共同探讨非遗保护与传承的问题，实现资源整合和知识共享，为非遗保护与传承提供更有力的支持。

除此之外，国际合作在非遗保护与传承的教育与科研领域也发挥了积极作用。各国学者和研究机构通过参加国际会议、开展合作研究、交流访问等方式，分享各自的研究成果和经验，共同推动非遗保护与传承领域的理论和实践创新。例如，联合国教科文组织和各国学术机构合作开展了一系列非遗保护与传承的研究和培训项目，为非遗保护与传承工作提供了理论指导和专业技能培训。

国际合作也有助于推动非遗保护与传承技术的创新。各国专业人士通过交流合作，分享非遗保护与传承技术的最新发展和应用，共同解决非遗保护与传承中遇到的技术难题。例如，在数字化非遗保护方面，各国专家可以共同研究如何将传统技艺数字化，以实现对非遗的保护与传承。

国际合作也促进了非遗保护与传承的标准化和规范化。各国在非遗保护与传承方面的实践经验和成果的共享，为国际标准的制定和推广提供了基础。例如，联合国教科文组织和国际标准化组织制定的相关标准和指南，为各国在非遗保护与传承方面开展合作提供了依据和规范。

国际合作在非遗保护与传承方面具有不可替代的作用。通过加强国际合作，各国能够分享非遗保护与传承的最佳实践、技术、经验和资源，共同推动非遗保护与传承事业的发展和繁荣。

六、创新与发展

在非遗保护与传承的过程中，创新与发展是不可或缺的要素。随着时代的发展和社会的变迁，许多非遗项目在传承过程中不断进行改进和创新，从而使非遗更具现代性、活力和吸引力。从以下几个方面可以深入探讨非遗创新与发展的重要性：

（一）非遗创新有助于满足现代社会的需求

随着社会的变化，人们的生活方式、价值观和审美标准也在不断演变。传统技艺、表演艺术、民间风俗等非遗项目需要在继承传统的基础上，进行适度的改进和创新，以适应现代社会的需求。例如，传统手工艺品可以结合现代设计理念，创作出更具艺术价值和实用性的作品；民间表演可以融入现代元素，吸引更多年轻观众。通过创新，非遗项目能够在现代社会中焕发新生，实现可持续发展。

（二）非遗创新有助于提升非遗项目的审美价值

在传统文化传承的过程中，非遗项目往往需要进行一定程度的创新，以满足现代人的审美需求。创新，可以使非遗项目展现出更丰富的艺术形式和表现手法，提高其艺术价值。例如，传统绘画可以与现代艺术手法相结合，创作出具有独特风格的作品；民间音乐可以与现代流行音乐相融合，吸引更多的听众。非遗创新有助于提升非遗项目的审美价值，使之在现代社会中焕发出新的魅力。

（三）非遗创新有助于实现非遗与现代科技、艺术和设计的融合

现代科技、艺术和设计手段为非遗保护与传承提供了强大支持。例如，数字技术可以对非遗项目进行数字化保护、展示和传播；现代材料科学可以为传统技艺提供新的材料选择；现代设计手法可以为非遗项目创作提供新的灵感。通过现代科技、艺术和设计的融合，非遗项目可以实现跨界创新发展，为非遗保护与传承注入新的活力。

一些非遗项目还利用现代科技手段进行了创新发展。例如，很多传统的非遗手工艺品已经开始应用 3D 打印技术，通过数字化手段来复制和制造传统工艺品，以满足市场需求。同时，一些非遗项目也结合了现代的设计和艺术手段，如在服装、家居用品等方面进行设计，将传统元素融入现代化的产品。这些创新和发展不仅促进了非遗的传承和发展，也为非遗保护与传承注入了新的活力。

综上所述，《非遗公约》的实施和各国的努力，为非遗保护与传承提供了制度保障和政策支持。同时，非遗保护与传承的发展也推动了文

化多样性的传承与发展、文化认同与归属感的增强、地区经济的发展、国际交流与合作的加强、教育与科研领域的发展，以及非遗项目的创新与发展。

非遗保护与传承在全球范围内取得了显著的进展。各国政府、国际组织和民间力量共同努力，推动了非遗保护与传承工作的深入开展，确保了人类非遗的传承和发展。然而，非遗保护与传承依然面临着诸多挑战，如经济全球化的冲击、资源的紧张、传承人的减少等。因此，需要继续加强国际合作与交流，完善立法和政策体系，提高社会参与度，促进教育与科研发展，以及鼓励创新与发展，共同推动非遗保护与传承取得更为丰硕的成果。

第二章　文创设计综述

第二章　文化研究方法

第一节 文创设计的定义和内涵

一、文创设计的定义

文创设计，是指以文化为创意源泉，以设计为手段，以文化产品为核心，在文化产业领域中发挥创意、设计、制造等方面的作用，以满足人们对文化消费的需求和提升文化产业的综合实力为目标的设计活动。

文创设计是一个多维度的概念，它包含多个相互交织的要素，包括创新、设计、制造和消费等，且在这些要素中，文化和创意是主导的驱动力。文创设计活动是围绕文化产品的创新设计进行的，这些产品不仅满足了人们的物质需求，更进一步满足了人们的精神文化需求，彰显了独特的文化价值和审美意义。

研究文创设计的重要性源于其在现代文化产业中的核心地位，它不仅仅是设计活动，更是一种创新的方式，通过对文化元素的挖掘和创新，为社会创造了新的文化价值。其中，创新是文创设计的核心，它以文化为源泉，并涉及对传统文化元素的解读、挖掘、改造等多个环节。

设计则是文创设计的手段，设计不仅仅是形状、颜色和功能的设计，更是一种对文化元素的有意识的组织和利用，将文化元素与设计理念相结合，创造出具有文化特色和创新价值的产品。设计活动中涉及的人文、社会、科技等多种因素的综合运用，使得设计成为一种跨学科的创新活动。

制造是实现文创设计的过程，它将设计理念和文化元素转化为实际的产品。在制造过程中，设计师需要充分考虑产品的工艺性、可行性和市场性，需要考虑如何在产品中融入文化元素，使得产品不仅满足功能需求，还体现出文化价值。

消费是文创设计的终端环节，但也是驱动设计活动的重要因素。在消费过程中，消费者的文化需求和审美取向影响了文创设计的方向和内容。文创设计要满足消费者的需求，但也要创造出超越消费者期望的新的价值，从而引领消费者的消费趋势和审美趣味。

文创设计是一种以文化为创意源泉，通过设计和制造，创造出满足人们文化消费需求的产品的活动，它对提升文化产业的综合实力，推动文化产业的发展起着重要的作用。

二、文创设计的内涵

文创设计的内涵，可以从以下六个方面展开论述，如图 2-1 所示。

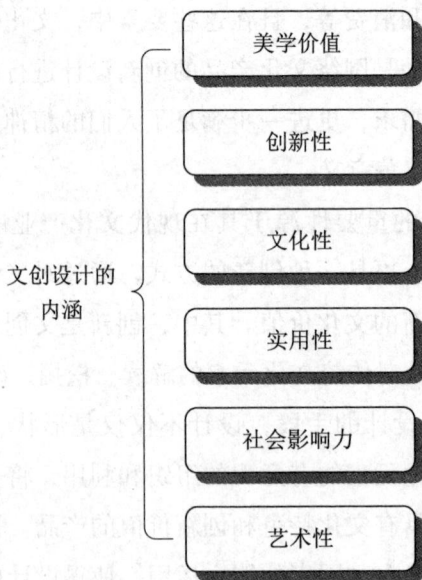

图 2-1　文创设计的内涵

文创设计的内涵

- 美学价值
- 创新性
- 文化性
- 实用性
- 社会影响力
- 艺术性

（一）美学价值

文创设计中的美学价值是其核心要素之一，它强调设计作品在审美层面上的吸引力和艺术价值。美学价值在文创设计中具有重要意义，它不仅使设计作品更加富有感染力，还能够提升人们的审美体验和情感共鸣。

在文创设计中，美学价值的体现包括多个方面。

首先，设计作品应具备良好的比例和结构，以创造出和谐的整体形态。其次，色彩、材质和纹理等视觉元素的运用需要具有美感和协调性，以引发消费者的视觉愉悦。设计作品还需要注重细节的处理，通过精妙的设计和制作工艺，使作品呈现出高质感和精致感。此外，艺术和设计的融合也是美学价值的重要体现，通过对艺术元素的引用和诠释，设计作品可以达到更高的艺术表达和审美层次。

美学价值的实现对于文创设计的成功至关重要。它能够吸引人们的注意力，引发情感共鸣，并激发人们对作品的兴趣。同时，美学价值还能够提升作品的竞争力和市场价值。优雅、独特的设计具有较高的吸引力和辨识度，使作品在激烈的市场竞争中脱颖而出。美学价值不仅体现了设计师的审美能力和创意水平，也彰显了文创设计作品所代表的文化品牌的形象和价值观。

因此，美学价值是文创设计不可或缺的重要因素，它赋予设计作品以艺术性、感染力和竞争力，使其在市场和社会中产生积极的影响。通过注重美学价值的追求，设计师能够创造出令人赏心悦目、耐人寻味的作品，提升消费者的审美体验和文化认同，推动文创设计行业的发展和繁荣。

（二）创新性

创新性是文创设计的重要特征，它强调设计作品在思想、形式、功能等方面的独特性和前瞻性。创新性设计通过引入新颖的思维和方法，推动设计领域的进步和发展。

创新性设计的核心是对传统的突破。

首先，创新性设计可以打破传统的设计思维模式和规范，挑战现有的设计约束和局限，拓展出全新的设计领域和可能性。其次，创新性设计可以突破传统的材料、工艺和技术的应用，探索新的材料和技术的潜力，从而实现设计的创新和突破。最后，创新性设计还可以重新解读和重新诠释传统元素，通过创造性的转化和融合，赋予传统元素新的意义和功能。

创新性设计的实现对于文创设计的发展至关重要。创新性设计不仅能够为设计作品带来新颖的外观和功能，更重要的是创造出与众不同的品牌形象和独特的市场竞争力。创新性设计能够吸引消费者的注意和兴趣，满足他们对个性化、独特性的需求，从而提升产品的市场竞争力和销售额。此外，创新性设计还能够推动整个行业的创新和发展，促进技术的进步和设计思维的提升。

创新性是文创设计的重要特征，它强调设计作品的独特性、前瞻性和突破性。通过创新性设计，设计师能够拓展新的设计领域和可能性，提升设计作品的市场竞争力和用户体验，推动行业的创新和发展。创新性设计的实现需要设计师具备创新思维和实践能力，也需要社会环境和产业支持的积极推动，为文创设计的繁荣和创新注入新的活力。

（三）文化性

文化性是文创设计的重要特征，它强调设计作品所传递的文化信息和文化内涵。文化性设计通过融入特定的文化元素和符号，将传统文化与现代设计相结合，传递出独特的文化特征和价值观。例如，将中国传统茶文化与现代设计理念相融合，使茶具设计作品不仅具有了实用功能，更体现了中国传统文化的精神内涵和美学价值。

文化性设计的核心是对文化元素的理解和运用。

首先，文化性设计需要深入研究和理解特定文化的内涵和价值，包括其历史、传统、象征意义等方面。其次，文化性设计要善于运用符号和象征，通过视觉语言和设计形式传递出特定文化的信息和情感。最后，文化性设计还需要与目标受众的文化背景相匹配，考虑到文化差异和观念的多样性，以确保设计作品能够被理解和接受。

文化性设计的实现对于文创设计的成功至关重要。文化性设计可以强化品牌形象和身份认同，使产品或服务具有独特的文化符号和品位，吸引目标受众的兴趣和共鸣。文化性设计还能够推动文化传承和创新，保护和弘扬传统文化的价值和精髓。此外，文化性设计还能够增强设计作品的表达力和情感共鸣，提升用户体验。

总之，文化性是文创设计的重要特征，强调设计作品所传递的文化信息和内涵。文化性设计通过融入特定文化元素和符号，将传统文化与现代设计相结合，传递出独特的文化特征和价值观。文化性设计的实现需要深入研究和理解特定文化，善于运用符号和象征，与目标受众的文化背景相匹配。文化性设计的成功能够强化品牌形象和身份认同，推动文化创新和传承，并提升用户体验。

（四）实用性

实用性是设计领域的一项核心要素，它着眼于产品的功能和使用效率，强调设计应该满足人们的实际需求，提高生活的便利性。从这个角度来看，设计并不仅仅是为了实现某种视觉效果或艺术表达，而是要在满足使用功能的基础上，创造出易于使用、符合人们日常习惯的产品。

2019 年，文创设计师周敬雄和佛山木版年画非遗传承人设计出了"佛山神气""事事掂当"木版年画大礼包，把传统的木版年画人物，打造成"功夫门神""财神的一个亿小目标"等笔记本、利市封、手机壳、鼠标垫等日常用品，增强了文创作品的实用性。这打破了非遗的地域的局限性，也让非遗融入了年轻人的生活。

"佛山木版年画新年礼包系列"运用了佛山木版年画的元素，其中包括年画里大众所熟知的人物形象，同时结合了年轻人精神面貌和生活状态，以此拉近了与大众的距离，让人们对木版年画有了一个全新的认识，为非遗的传播与发展作出了积极的贡献。

（五）社会影响力

社会影响力是设计师在进行创作过程中需要考虑的重要因素之一。设计并不仅仅关乎个体的需求和审美，更包含了对于社会、环境等更宏大的考量。这种全面的视角能够使设计实现从独立的实物或服务，向具有社会影响力的传播工具转变。因此，设计师不仅需要关注其作品如何满足用户需求，也要思考其如何对更大范围的社会产生影响。

某公司为保护与传承非遗文化，自主研发生产了文扑系列的文创产品，这也为传承非遗提供了新的思路和方案。文扑，指的是一系列集益智拓趣、休闲娱乐、旅游观光、增长知识为一体的多功能智慧型生态文化棋牌，其中包括"西域文扑""云贵文扑""藏域文扑""河洛文扑"等系列文创产品。

文扑系列文创产品将西域、云南、贵州、西藏、洛阳等地的非遗文化巧妙地融入其中，让游客在游览各地风光的同时，能够真切地感受到不同地域的深厚文化内涵。这一文创产品不仅为游客提供了独特的旅游纪念品，也成了传播当地非遗的重要载体，同时传播了不同地域的文化，提升了非遗的社会影响力。它不仅是对我国悠久历史和文化的深刻解读和传承，也推动了文化旅游产业的创新发展。

（六）艺术性

艺术性是文创设计的核心特质之一，它体现了设计作品的审美价值和创新精神。设计师通过艺术手法，将个人独特的创意和情感融合到设计中，使其成为传达个人情感和观点、引发人们共鸣的艺术作品。这种艺术性的体现，不仅增强了设计作品的吸引力，也使其成为传递文化价值和社会意义的重要载体。

以端砚设计为例，从中可以充分领略到文创设计的艺术性。端砚作为中国传统的文房四宝之一，在古代文人墨客的学问生涯中占有重要地位。然而，如今端砚在日常生活中的使用频率已大大减少，似乎只能在博物馆和艺术馆中才能一览其风采。在这种背景下，一些设计师和艺术家开始通过创新设计，赋予端砚新的生命力。他们不仅保留了端砚的传统特征，如天然石材质地和雕刻技艺，还加入了现代元素，如数字化模式和抽象艺术。这种融入了中华优秀传统文化元素和现代设计理念的端砚设计，展现了高度的艺术性和创新性。这种创新设计不仅成功地把传统文化与现代生活相结合，也进一步提高了人们对端砚和中国传统文化的认识。这一案例充分展示了文创设计的艺术性，也为中国的传统文化保护与传承提供了新的可能性。

设计的艺术性并不只是形式的创新和表面的美观，更是关于内容的深入挖掘和情感的真实表达。良好的设计作品能够通过独特的艺术手法，呈现出深邃的思考和感受，引发人们的共鸣和思考。在此过程中，设计师作为艺术家和传播者，他们的角色不仅是创造美的作品，更是通过设计传递文化价值，引发社会变革，促进文化发展。艺术性的设计，使设计作品超越了实用性的限制，成为人们精神生活的重要组成部分，体现了设计的深远意义和无限可能性。

第二节　文创设计的特点和目标

一、文创设计的特点

文创设计的特点可以从以下六个方面展开论述，如图 2-2 所示。

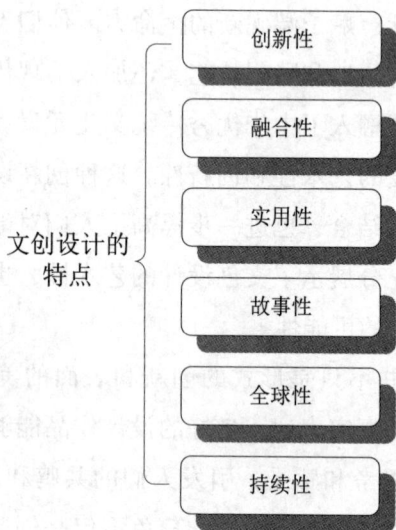

文创设计的
特点

- 创新性
- 融合性
- 实用性
- 故事性
- 全球性
- 持续性

图 2-2　文创设计的特点

（一）创新性

创新性是文创设计的核心价值和精髓，它是设计师区别于其他行业工作者的关键特质，也是设计领域持续发展和进步的重要推动力。在设计过程中，创新性既包括对形式和技术的创新，也包括对思想和观念的创新。好的设计应当打破常规，挑战既有的思维定式，从新的角度出发，寻找和探索新的设计可能性。

在形式上，设计师需要通过运用新的设计理念和技术，打破既有的设计模式，创造出独特的设计风格和形式。在思想上，设计师需要具备开放和创新的思维方式，敢于挑战传统，探索新的设计理念和观念。只有在形式和思想两方面都具备创新性，设计作品才能真正展现出其独特的魅力和价值。

设计的创新性是设计领域的生命力，是推动设计进步和发展的关键因素。设计师需要通过不断的学习和实践，提升自己的创新能力，不断探索和尝试新的设计可能性，从而创造出具有个性和影响力的设计作品。

（二）融合性

融合性是文创设计的重要特点之一，这一特点强调的是多元化元素的整合和互动。这不仅包括艺术、文化、科技等多个领域的交融，也包括过去与现在、传统与现代、地方与全球等多个维度的连接。在经济全球化和数字化的背景下，文创设计的融合性表现得尤为明显，不同领域的知识和技术的交叉、融合已经成为创新和发展的重要驱动力。

设计的融合性不仅表现在设计的内容和形式上，也表现在设计的思维和方法上。在内容和形式上，设计师需要充分融合不同领域的元素，创造出独特的设计作品。在思维和方法上，设计师需要运用跨学科的思维方式和研究方法，探索和实践新的设计可能性。

设计的融合性是一种开放和包容的态度，它既体现了对传统的尊重和认同，又体现了对新颖的接受和追求。设计师需要具备开放和多元的视野，善于从不同的角度和维度进行思考和创新，以此推动设计领域的持续发展和进步。

（三）实用性

实用性是文创设计重要的特点，此特点在产品设计中尤为重要。这一特点的根本目的在于创造出能解决人们实际问题、提升生活质量的产品或服务。设计师在考虑创新和美学元素的同时，也要注重产品的实用性，将实用主义原则融入设计过程，确保设计产品既美观又实用。

以广彩为例，作为一种传统的瓷器艺术，广彩主要以盘、碟、花瓶、瓷片等为主要载体。然而，在当代文化和市场的驱动下，有些传承者正在寻求突破这些传统界限，并在载体的选择上进行创新。在他们的设计与制作下，现代广彩制品已经扩展到瓷灯具、飞行棋等日常生活化的用品，更加注重产品的实用性。

在形式设计上，广彩技艺传承者将传统的工艺、纹样、图案等分解开来，与时尚元素相融合，制作出一批时代感与现代感并重的文创产品，如挂饰、配饰、雨伞、抱枕等。这些产品在体现审美和艺术的同时，更注重了产品的实用性，满足了现代人们生活的实际需求。除此以外，一些个性化与私人订制的文创产品纷纷面世，不仅满足了现代消费者的个性化和差异化需求，还展现了广彩艺术的独特魅力。

如今，随着现代市场和消费者需求的变化，广彩和其他非遗项目与现代生活的融合程度逐渐加深。对此，设计师在设计作品时要更加注重产品的实用性，并在实用性的基础上，进一步丰富文创产品的种类、功能等。

（四）故事性

故事性是文创设计中一个重要的元素，它能引发目标受众的共鸣，增强目标受众对产品的情感连接。故事性的设计策略涉及将复杂的信息、事件或数据以故事的形式进行可视化，以便更好地引起人们的注意和理解。这种策略适用于各种类型的设计，包括产品设计、平面设计、交互设计等。

以北京故宫博物院的文创产品"宫喵家族"为例，它充分运用了故事性的设计策略，通过描绘漫画化的猫形象，讲述了故宫的历史故事。这个设计灵感源于故宫中的猫群，猫在中国文化中寓意着吉祥和平安，因此设计师用猫作为主角，从猫的视角来讲述故宫的历史。这样的设计策略使得故宫的历史更加生动有趣，让目标受众能够更加深入地了解和喜爱故宫。

设计师通过猫的漫画形象，将历史故事以轻松愉快的方式呈现给目标受众，这种设计方法打破了传统的历史叙述方式，使得历史不再是枯燥的文字描述，而是生动的视觉体验。而且，猫的形象富有亲和力，使得故事更加吸引人，从而使目标受众能够在愉快的体验中增加对故宫的了解。

这种故事性的设计也有助于建立品牌形象，增强品牌的影响力。通过故事，设计师可以将品牌的价值观、理念传达给目标受众，使目标受众更加理解和认同品牌。"宫喵家族"不仅讲述了故宫的历史，也传递了故宫博物院对于文化传承和普及的承诺。

故事性的设计策略是一种有效的设计手法，它可以帮助设计师更好地传达信息，吸引目标受众，建立品牌形象，从而提升设计的价值。对于设计师来说，运用故事性的设计策略需要他们有良好的观察力、想象力和叙述能力，能够发现和创造故事，用故事引导和吸引目标受众，创造出富有情感和共鸣的设计作品。

（五）全球性

全球性是当今文创设计趋势的重要方向之一，它意味着设计师需要将本土文化和经济全球化趋势相结合，打造出既具有本地特色又能得到全球公众认同的设计作品。全球性设计需要设计师具备跨文化的沟通能力和开放的视野，这样才能将不同文化背景的元素融入设计，使设计作品能够在全球范围内传播。

以文创产品的跨境店铺为例，2022年，天津荣程集团旗下的时代记忆品牌推出的"铭记华夏记忆，传承非遗手艺——寻觅非遗之路购物节"在越南和马来西亚等国家的跨境店铺上线。一系列非遗文创产品包括彩塑京剧脸谱、剪纸、陶瓷等纷纷亮相，其文化识别度高、时代设计感强的特点吸引了当地民众的兴趣。他们在惊叹其奇妙技艺的同时，纷纷为中国的文创产品的设计点赞。

近年来，随着经济全球化的日益加深以及各国间的交流不断加强，越来越多外国人开始了解和学习中国非遗。2022年，文旅产业指数实验室发布了《2022年非物质文化遗产在海外短视频平台影响力报告》。该报告以海外短视频平台 TikTok 数据为基础，依据各类非遗的传播表现，显示在 TikTok 上中国非遗相关视频的播放量超过 308 亿次，这充分证明了非遗在全球范围内的广泛影响力，也为文创产品设计的广泛传播和国际化交流打造了坚实的基础。

在经济全球化的趋势下，全球性的设计将成为文创设计的重要方向。设计师需要不断拓宽视野，学习和理解各种不同的文化，运用全球性的设计策略，打造出既具有本地特色又能在全球范围内得到认同的设计作品。这不仅有助于推动设计作品的全球传播，也有助于促进不同文化的交流和理解，推动世界的多元化发展。

（六）持续性

持续性在文创设计中具有较为重要的地位。持续性并非仅指设计的物理寿命或其使用周期，更深层次的含义在于设计的永续性，即对社会、环境和经济的长远影响。在这个过程中，设计师需要不断进行创新和研发，并深度考虑设计的社会和环境影响，从而实现设计的持续性。一个成功的持续性设计能够体现出对人类和自然环境的尊重，也能创造出经典和价值。

江苏苏州的浒墅关以"活态、活动、生活"为侧重点，将各地非遗串联起来，为传统文化的创新发展提供了强大的动力。

"关席"作为浒墅关的文化标签和生活方式，在各地畅销。为了使这一非遗文化得到更好地传承和发展，传承人施永赳通过当代工艺赋能、开设体验空间和设计活态传承方式，将草席应用于家具、鞋包等不同产品中，构建了"浒墅关草席"的特有品牌。设计者将光滑的皮革和密匝的席草进行了有机结合，在传统技艺的基础上加上了现代的工艺，表现出了独特的生命力。除此之外，微型二胡、红木微雕三里亭等文创产品让非遗与生活进行了深度融合。"文创版"二胡分为黑檀木、紫檀木两种，所有工序完全按照正常版二胡制作。琴轴、蟒皮、琴筒、音窗等，均体现出独特的工匠精神。用全榫卯结构制作"微雕版"三里亭，榫卯相互驳接，不用钉子等金属固件。"红木微雕"文创版三里亭，以1∶100的比例，还原了这座屹立在大运河河畔千百年的路亭。

设计者通过巧妙的设计，让非遗文创产品能够长久保存，并且在生活中能够保持长久的使用寿命。这对于人类的长远发展和自然环境的保护，都发挥着积极作用。

持续性设计要求设计师有长远的视野，关注设计的全过程和影响，从而实现设计的持久价值。这种设计理念不仅有助于提升设计的质量和影响力，也能提升设计师和设计企业对环境与社会的责任感。在未来，持续性设计将成为文创设计的重要方向。

二、文创设计的目标

（一）推广文化

文创设计作为一种强有力的传播工具，能够在世界范围内传播和推广各种文化。无论是地方文化、民族文化，还是世界文化，都可以通过创新的设计方式得到有效的传播和推广。这种传播和推广不仅满足了人们对多元文化的认知需求，也促进了文化交流，进而推动了文化的传承和发展。

文化产品作为文创设计的具体载体，蕴含丰富的文化元素和意义。这些产品不仅体现了设计师的创新理念和技术能力，更体现了各种文化的独特魅力和价值。当消费者购买和使用这些产品时，他们不仅满足了物质生活的需求，也从中获取了文化享受，提升了文化修养，对文化产生了更深入的理解和认识。

对于地方文化和民族文化而言，文创设计是传承和发展这些文化的重要方式。地方文化和民族文化是一个地方或一个民族历史积累和生活经验的体现，具有独特的地方特色和民族风情。通过文创设计，设计师可以把这些文化元素和设计理念相结合，创造出既具有地方特色又具有时代感的文化产品，从而有效地传播和推广这些文化。

对于世界文化而言，文创设计可以帮助人们跨越文化差异，共享文化价值。通过创新的设计方式，设计师可以把全球共享的文化元素融入设计，让人们在享受文化产品的同时，感受到世界文化的多样性和共同性。

通过推广各种文化，文创设计不仅满足了人们的文化需求，也丰富了人们的生活，增强了人们的文化自信，同时推动了文化的交流和发展。文创设计的这种功能，使其在现代社会中发挥着越来越重要的作用。

（二）提升文化产业的综合实力

文化产业作为新兴产业，正在全球范围内迅速发展。文创设计作为文化产业的核心部分，扮演着至关重要的角色。其旨在通过设计创新和产品质量的提升，增强文化产业的综合实力，提升其在全球市场中的竞争力。

创新设计是文创设计提升文化产业综合实力的关键。设计创新主要包括两方面：一是在创意层面，即设计师需要有独特的创意，能将各种文化元素巧妙地融入设计；二是在技术层面，即利用先进的设计技术和手段，将创意转化为高质量的产品。这种创新不仅可以满足人们对文化产品的高质量需求，也可以使文化产品具有更高的附加值，从而增强文化产业的经济效益。

产品质量的提升是文创设计提升文化产业综合实力的另一个重要途径。高质量的产品不仅可以满足消费者的需求，也可以提升文化品牌的形象，增强其在市场中的竞争力。为了提升产品质量，设计师需要关注每一个设计细节，确保产品的制造工艺精细，材质优良，设计合理，功能齐全。此外，设计师还需要不断探索和学习，吸收新的设计理念和技术，以不断提升设计水平，创造出更多高质量的文化产品。

文化产业的综合实力还体现在产业链的完整性、创新能力、产业规模、市场开发能力等方面。文创设计在这些方面也发挥着重要的作用。例如，它可以通过与相关产业的深度融合，优化和完善文化产业链，提升文化产业的规模效益。同时，通过创新的设计方式，它可以创造出更多新的文化产品，拓宽文化市场，提升文化产业的市场开发能力。

文创设计对于提升文化产业的综合实力，增强其全球竞争力具有至关重要的作用。通过不断地设计创新和产品质量的提升，文创设计不仅可以推动文化产业的经济发展，也可以促进文化的交流和传播，满足人民日益增长的文化需求。

（三）满足人们对文化消费的需求

文创设计在满足人们对文化消费的需求上具有独特的优势。文创设计侧重以人为本，关注人们的文化需求，运用创新设计，制作出各种各样的文化产品。这些产品不仅能满足人们的物质需求，还能满足人们的精神需求，提高人们的文化生活品质。

文创设计通过创新设计，满足人们对独特的文化产品的需求。这些设计中蕴含的文化元素和创新思维，使文化产品具有独特的价值和魅力。这些产品既能展现出设计师的创新能力，也能让消费者体验到不同的文化风格和审美观念，满足他们对文化多样性和个性化的需求。

文创设计也关注人们对高品质文化生活的需求。设计师通过使用精细的制作工艺，选择优质的材料，打造出质量上乘的文化产品。这些产品不仅在功能上满足了人们的需求，更在审美上给予了人们享受，提高了人们的生活品质。

文创设计还能通过文化产品的创作和制造，传递和传播各种文化，使人们在消费的过程中，能更深入地理解不同的文化，提高他们的文化素养和修养。例如，设计师可以在设计中融入本土文化、民族文化等各种文化元素，让人们在享受产品的同时，也能了解和欣赏这些文化。

文创设计以满足人们对文化消费的需求为目标，通过创新设计和高品质产品的制造，提高人们的文化生活品质，推动文化产业的发展，促进文化的交流和传播。

（四）培养文创人才

文创设计的目标之一是培养文创人才，这不仅有利于推动文化产业的发展，还能进一步提升文化产业的创新能力和竞争力。在当今的社会中，文化产业已经成为一种重要的产业形态，其发展离不开大量的创意人才。

文创设计作为一门专业，提供了一种全面的教育体系，致力于培养学生的设计技巧、批判性思维、创新能力。这种教育体系不仅包括理论知识的教授，也包括实践项目的开展，使学生能在实践中锻炼自己的设计技巧和创新能力，培养自己的审美眼光和文化素养。

文创设计人才的培养对于提升文化产业的创新能力和竞争力具有重要的意义。这些人才不仅能够推动文化产业的技术创新，还能够推动文化产业的理念创新和模式创新。他们的设计技巧和创新能力能够使文化产品具有更高的品质和更大的市场竞争力，使文化产业能够在激烈的市场竞争中立于不败之地。

文创设计人才的培养还能够推动文化产业的发展。这些人才不仅能够为文化产业提供大量的优秀作品，还能够为文化产业的发展提供新的思路和策略，使文化产业能够适应市场的变化，满足消费者的需求，实现持续的发展。

文创设计的目标之一是培养文创人才，这对于推动文化产业的发展，提升文化产业的创新能力和竞争力具有重要的意义。这也是文创设计的重要任务和职责。

第三节　文创设计的发展趋势

一、可持续性设计

面对全球日益严重的环境挑战，可持续性设计成为文创设计领域中的一大发展趋势。这种设计理念强调在满足人们需求的同时，最大限度地降低对环境的负面影响，从而达到人与自然和谐共生的理想状态。设计师在实践中，应积极探索和应用各种可持续性设计策略，如采用可再生材料、优化生产过程、提高产品的使用效率和寿命，以及实施产品的回收和再利用等。

可持续性设计不仅仅是环保材料和工艺的应用，更是一种对设计本质的深入理解和反思。设计师需要在设计的初期阶段就充分考虑产品的生命周期，从原材料的选择、生产过程的优化、产品的使用效率，到产品的废弃和再利用，每个环节都需要充分考虑环境影响和可持续性。这就要求设计师具备全面的视野，既要考虑设计的实用性和美学价值，也要关注设计的环保性和可持续性。

可持续性设计还需要建立在深入的社会环境分析基础上，通过对地方环境、社会文化、经济条件等多个因素的全面考虑，实现设计的适应性和生态性。这种设计理念不仅可以为当地社区带来实际的环保效益，也可以提升产品的社会价值和文化意义，使设计成为推动可持续发展的重要力量。

二、跨界合作

伴随着文化产业的持续发展，跨界合作已逐渐成为当代文创设计领域的一种新趋势。跨界合作所涉及的不仅仅是不同行业、不同领域之间的合作，也包含了多元化的知识交融和创新实践。其最重要的特点在于，通过打破传统的界限，集聚来自不同领域的专业知识和创新思维，共同开发出新的设计产品或解决方案，以满足日益多元化和个性化的市场需求。

尽管跨界合作具有诸多优势，但实施过程中也面临一些挑战。例如，如何平衡不同领域参与者的利益，如何实现有效的知识交流和协同创新等。因此，成功的跨界合作需要具备良好的组织协调能力，以及对不同领域知识和文化差异的深入理解。

跨界合作是一种新的设计实践方式，有助于激发创新活力，推动设计的多元化和深度发展。同时，也提出了新的要求和挑战，需要设计师在实践中不断探索和学习，以应对日益复杂和变化的设计环境。

三、个性化定制

随着社会个体化和消费者需求的日益多样化，个性化定制在文创设计领域得到了广泛的应用和发展。个性化定制不仅满足了消费者对产品独特性和差异性的需求，也在一定程度上推动了设计服务向更深、更广的方向发展。此种趋势展示了设计工作的转向，即由以往的大规模标准化生产，向着更加灵活、个性化的方向进发。

尽管个性化定制在满足消费者需求和推动设计创新方面具有明显的优势，但实施过程中也存在诸多挑战。例如，如何有效地收集和分析消费者的需求信息，如何在保证产品质量和效率的同时实现大规模的个性化生产，如何处理因个性化生产而引发的知识产权等法律问题。这些都需要设计师和企业在实践中去深入探讨和解决。

个性化定制已成为当代文创设计的重要趋势之一，对于提升设计的价值和推动设计的创新发展具有重要的作用。对此，设计师和企业需在满足消费者需求的同时，不断创新设计方式和服务模式，以应对日益复杂和多变的市场环境。

四、数字化和科技化

科技的发展正在改变文创设计的形态和实质，为设计师提供了前所未有的可能性。科技如同一个开放的平台，为设计师提供了深入和广泛探索的空间，也推动了文创设计的边界不断扩大和深化。在数字化和科技化的推动下，文创设计不再仅仅局限于传统的视觉艺术形式，而是开始涉足虚拟现实（VR）、增强现实（AR）、3D打印等前沿技术领域。

以中国的虚拟偶像洛天依为例，其创造了一种全新的文创体验，将动画艺术、音乐创作和数字技术相融合，使人物形象和声音能够以高科技的形式存在，同时在视觉和听觉上提供了丰富多元的体验。洛天依的成功展示了科技在文创设计中的重要作用，也暗示了科技在未来文创设计发展中的可能性。

科技化的文创设计也带来了一系列的挑战。一方面，科技的快速发展使得设计师需要不断学习新的技术和知识，以适应日新月异的设计环境。另一方面，科技化的设计可能会引发一系列的社会、伦理和法律问题，如数据隐私、知识产权、虚假信息等。这些问题需要设计师在创新的同时，也要考虑到科技的社会影响和责任。

科技的发展正在深刻地影响文创设计的方向和进程。对于设计师来说，如何在利用科技的同时，处理好科技与设计、科技与社会之间的关系，将是未来文创设计领域面临的重要挑战。对此，设计师需要有足够的前瞻性和创新性，以便在科技的驱动下，探索出更为丰富和多元的文创设计形式。

五、本土化与全球化并行

文创设计的本土化与全球化并行现象，正展示出当前全球文化交流的复杂性和深度。设计师需要更深入地了解和尊重各种文化，并将这种理解转化为具有普遍吸引力的设计产品。然而，在此过程中，本土文化的价值和影响力不能被忽视。设计师应探索本土文化的独特魅力，通过其设计产品，将本土文化推向全球舞台。

本土化与全球化的并行也给文创设计带来了一些挑战。设计师需要在尊重和展现本土文化的同时，考虑到全球消费者的需求和审美习惯。这就需要设计师具有广泛而深入的文化知识，以及敏锐的市场洞察力。同时，设计师也需要在全球化和本土化之间找到一个平衡，既能展现本土文化的独特性，又能符合全球市场的需求。

本土化与全球化的并行，是文创设计发展的一个重要趋势。对于设计师来说，如何在经济全球化的大背景下，发掘和展现本土文化的独特魅力，将是未来文创设计的重要任务。

六、社会责任感

文创设计在塑造产品和服务的形象时，越来越多地承担起了社会责任。设计师不仅需满足消费者的实用需求，还要反映出公正、尊重和环保等社会价值，这样的趋势在诸多品牌中得到了体现。

在当今社会，消费者对企业的社会责任表现有着更高的期待。研究显示，消费者更愿意选择那些符合他们价值观，有责任感和道德性的品牌。因此，设计师在创造新的设计产品时，更需要注意其设计的社会价值和影响。这不仅是对社会责任感的体现，也是对未来消费趋势的精准把握。

尽管许多品牌和设计师已经开始关注社会责任，但如何将这一理念具体实现，确保设计的社会价值和商业价值的均衡，仍是一个挑战。设计师需要在满足市场需求和传递正面社会价值之间找到平衡，这将对他们的创新思维和解决问题的能力提出更高的要求。

社会责任在文创设计中的角色越来越重要，这一趋势预示着文创设计的未来方向。设计师需要在满足消费者需求的同时，考虑到其设计对社会和环境的影响，以实现可持续发展的社会价值。

第四节　文创设计在非遗传承中的作用

文创设计在非遗传承中的作用，可以从以下六个方面展开论述，如图 2-3 所示。

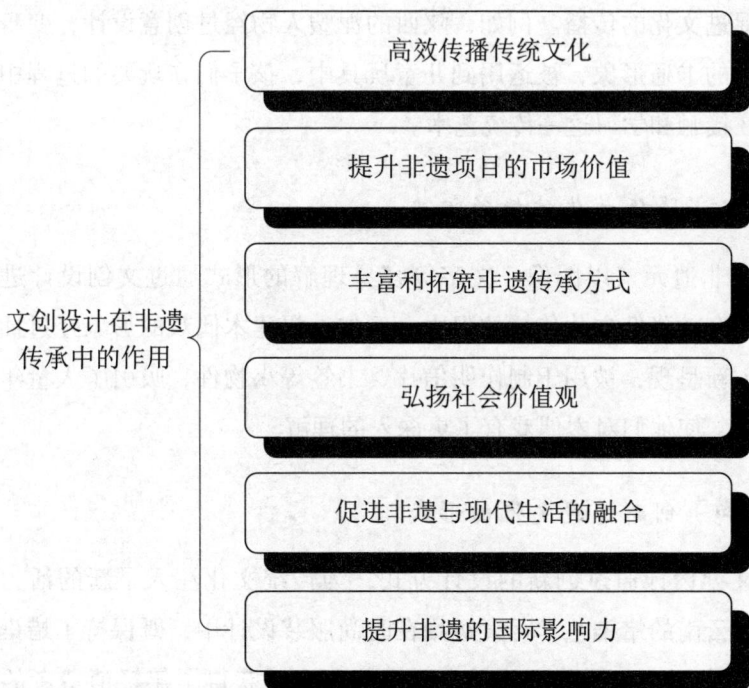

图 2-3　文创设计在非遗传承中的作用

一、高效传播传统文化

（一）提升非遗元素的知名度

文创设计有效地提升了非遗元素在公众心中的知名度。例如，将苏州刺绣等传统技艺融入家居用品，如枕头和床单的设计中，使得更多人有机会接触并欣赏到这种精细的刺绣技艺，而随着这些用品的日常使用，苏州刺绣也会更加深入人心并提升知名度。

（二）促进文化的传播

通过文创设计，非遗元素能以生动、形象的方式传达给目标受众，进而促进文化的传播。例如，陕西的泥塑人物经过创意设计，变身为生动可爱的卡通形象，被运用到儿童玩具中，孩子们在玩耍的过程中，其实也在接触和学习这一传统艺术。

（三）降低文化传播的阻力

将非遗元素以图像、文字等容易理解的形式通过文创设计进行展示，能有效降低文化传播的阻力。例如，福建木偶戏的形象经过插画艺术的创新呈现，被用于制作明信片、书签等小物件，吸引了大量年轻人的关注，使他们对木偶戏有了更深入的理解。

（四）创新传统文化的形式

文创设计通过创新的设计方式，为传统文化注入了新的活力。例如，将云南的蜡染艺术元素运用在时尚服装设计中，既保持了蜡染艺术的传统特色，又赋予了其现代时尚的气息，获得了年轻消费者的热烈追捧。

（五）激发公众对非遗的兴趣

文创设计将非遗元素以新颖、吸引人的方式展现给公众，激发了他们对非遗的兴趣。例如，江苏的扬州漆器被运用在珠宝盒、化妆品盒等日常用品的设计中，引起了消费者的较大兴趣，使他们在购买时主动去了解扬州漆器的历史和制作工艺。

二、提升非遗项目的市场价值

（一）提升非遗项目的经济效益

文创设计能够将非遗项目转化为具有市场竞争力的产品，从而增加其经济效益。例如，甘肃玉门的锲金画工艺，在传承基础上增加了艺术化的创新，使产品具有多重的市场鉴赏价值，提升了该非遗项目的经济效益。

（二）扩大非遗项目的受众范围

将非遗元素设计到产品中，可以引导更多消费者接触和了解非遗，从而扩大非遗项目的受众范围。以甘肃的黄土窑洞为例，其特殊的建筑风格被运用到了玩具房子的设计中，从而吸引了大量年轻人的关注。

（三）提供非遗项目的新营销渠道

文创设计为非遗项目提供了新的营销渠道。以北京的景泰蓝为例，将其艺术元素设计到各类时尚配饰中，通过电商平台进行销售，开拓了新的市场，提升了景泰蓝的市场价值。

三、丰富和拓宽非遗传承方式

（一）提供多元化的非遗传承方式

传统非遗传承主要以口耳相传、实践操作等形式进行，其覆盖面广度和影响深度受限。文创设计将非遗元素融入了动画、游戏、影视、图书等多元化的载体，提供了新的传承方式，使得非遗能够更加广泛地影响社会。例如，将广东的狮子舞元素融入动画片，吸引了大量的儿童观众，从而让他们在娱乐中了解和感受非遗。

（二）吸引更广泛的参与者

文创设计以其独特的视觉效果和艺术魅力，能吸引更多的年轻人参与非遗的传承。例如，以江苏的剪纸为主题的手机游戏，不仅在游戏过程中向玩家介绍剪纸的历史和制作技巧，也引发了他们对剪纸文化的兴趣，激发了他们参与非遗传承的热情。

（三）增强非遗元素的时代性

文创设计通过将非遗元素与现代设计理念和技术相结合，使非遗在传承中不断与时俱进，增强了其时代性。例如，浙江的绍兴刺绣以其独特的色彩和细腻的刺绣技艺被设计师运用到现代时装设计中，使这一传统工艺在现代文化中焕发出新的活力。

四、弘扬社会价值观

（一）传承传统价值

文创设计通过将非遗元素引入设计作品，从而传达和弘扬传统价值观。例如，吉祥图案应用在设计中可以象征吉祥、平安和繁荣，如福字、蝙蝠等设计元素的应用，能够把祝福、吉祥等传统价值观念传达给公众。

（二）提升社会认同感

通过文创设计，人们可以更直观地理解和接受非遗蕴含的价值观，从而增强对传统文化的认同感。例如，设计师将云南的彝族火把节元素融入文创产品设计，使人们在享受美好设计的同时，更深入地了解彝族火把节背后的团结、友爱的价值观。

（三）塑造社会风气

文创设计的广泛传播和应用，能够通过非遗元素所蕴含的社会价值观，对社会风气产生积极影响。例如，以尊老爱幼、孝道为主题的设计作品，能够在社会中弘扬传统的孝道精神，提升社会风气。

（四）提高社会文化素养

文创设计不仅在视觉艺术层面为社会带来了美感，也在价值观念层面提升了社会文化素养。例如，借助以道教元素为主题的设计作品，人们可以在欣赏其艺术美感的同时，了解到道教中的和谐、自然等价值观念。

（五）促进社会和谐

文创设计中的非遗元素往往富含和谐、包容等价值观念，这些理念的传播能够对社会和谐产生积极影响。例如，以民族团结为主题的设计作品，可以让不同民族、不同群体对其他文化有更多的理解和尊重，从而促进社会和谐。

（六）弘扬社会正能量

以积极向上的非遗元素为主题的文创设计作品，能够弘扬社会正能量，对社会有积极的引导作用。例如，以中国古代英雄人物为主题的设计作品，可以激发公众的爱国热情，引导社会风尚向善。

五、促进非遗与现代生活的融合

（一）丰富日常生活

文创设计将非遗元素融入日常生活，从而丰富了人们的生活体验。例如，江南地区的苏绣技艺被应用到家居用品设计中，使其产品既具有实用功能，又拥有深厚的文化内涵，丰富了人们的日常生活。

（二）提升生活品质

借助文创设计，非遗被融入现代生活产品，提升了人们的生活品质。例如，安徽徽墨被广泛应用于书法爱好者的日常练字中，使得这项传统工艺品具有更广泛的使用场景，从而提升了人们的生活品质。

六、提升非遗的国际影响力

（一）提升非遗的国际认知度

通过文创设计，非遗元素在全球范围内得到展示和传播，从而提升了非遗的国际认知度。例如，一款以中国刺绣为设计元素的时尚服饰在巴黎时装周上展示，使得全球的观众都有机会接触到中国传统刺绣，感受其魅力，从而提升了中国刺绣的国际认知度。

（二）丰富国际文化多样性

将非遗元素融入文创设计，使得非遗可以在国际范围内传播，从而丰富了国际文化的多样性。例如，以非遗项目江南丝绸为设计元素的家居产品在国际市场上的推广，增加了国际消费者对于世界各地传统工艺的了解和尊重,丰富了国际文化的多样性。

(三)提升非遗的国际地位

通过文创设计,非遗元素在国际市场上得到了高度的认同和赞赏,从而提升了非遗的国际地位。例如,中国非遗元素的包装设计在国际设计比赛中获奖,提升了中国非遗的国际声誉和地位。

(四)引导国际对非遗的研究

通过文创设计,非遗元素得以在国际范围内传播,引导了更多的学者和研究者对非遗进行研究。例如,以非遗元素为设计主题的建筑作品在国际建筑大奖上获奖,引发了国际建筑界对于非遗元素的关注和研究。

(五)推动非遗元素的国际交流

通过文创设计,非遗元素得以在国际范围内传播,推动了非遗元素的国际交流。例如,以中国皮影为设计元素的文创产品在国际市场上的推广,促进了中国皮影艺术与其他国家的艺术形式的交流和学习。

第三章 非遗与文创的融合

第三章　北疆与文化的融合

第一节　非遗与文创设计融合的意义与价值

非遗与文创设计融合的案例分析，可以从五个方面展开论述，如图 3-1 所示。

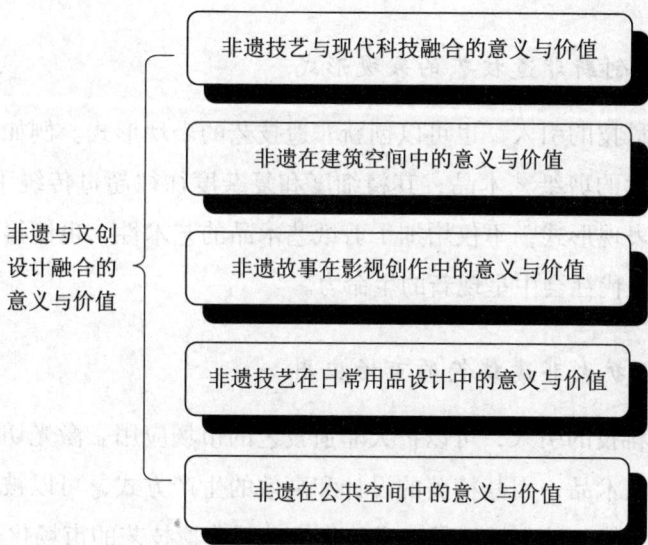

非遗与文创设计融合的意义与价值

- 非遗技艺与现代科技融合的意义与价值
- 非遗在建筑空间中的意义与价值
- 非遗故事在影视创作中的意义与价值
- 非遗技艺在日常用品设计中的意义与价值
- 非遗在公共空间中的意义与价值

图 3-1　非遗与文创设计融合的意义与价值

一、非遗技艺与现代科技融合的意义与价值

（一）非遗技艺与科技的结合趋势

当前，非遗技艺与现代科技的结合已经成为文创设计的一大趋势。以山西的剪纸艺术为例，这是一种具有深厚历史和文化底蕴的传统艺术形式。在过去，剪纸艺术完全依赖手工制作，技艺要求高，制作时间长。然而，

当剪纸艺术遇到现代激光切割技术，便形成了新的剪纸艺术品。这种技术的引入，既保留了剪纸的传统特色，又体现了现代科技的创新性。

（二）提高非遗技艺的生产效率

现代科技的引入，可以显著提高非遗技艺的生产效率。在剪纸艺术的例子中，传统的剪纸艺术通常需要艺术家花费大量的时间和精力进行手工制作，而现代的激光切割技术则可以快速准确地完成剪纸图案的制作，大大提高了生产效率。

（三）创新非遗技艺的表现形式

现代科技的引入，也可以创新非遗技艺的表现形式。例如，使用激光切割技术的剪纸艺术品，其精细度和复杂度往往超过传统手工剪纸。这种新的表现形式，不仅增加了剪纸艺术品的艺术性，也使得传统的剪纸艺术在现代社会中呈现新的生命力。

（四）扩大非遗技艺的市场应用

现代科技的引入，可以扩大非遗技艺的市场应用。激光切割技术制作的剪纸艺术品，因其精美的设计和高效的生产方式，可以被广泛用于装饰、礼品等各种市场场景，进一步推动了非遗技艺的市场化进程。

（五）提升非遗技艺的知名度

现代科技的引入，也可以提升非遗技艺的知名度。例如，利用现代科技进行创作的剪纸艺术品，其创新性和艺术性可能会吸引更多的关注和讨论，从而提升剪纸艺术在社会公众中的知名度。

（六）提供新的非遗技艺传承方式

现代科技的引入，提供了一种新的非遗技艺传承方式。例如，使用激光切割技术制作剪纸艺术品的过程，可以通过视频、网络等方式进行展示和教学，使更多的人了解并学习这种结合了传统和现代的剪纸技艺，有利于非遗技艺的传承和发展。

二、非遗在建筑空间中的意义与价值

（一）非遗在建筑设计中的引入

建筑设计是建筑艺术的重要组成部分，它塑造了空间结构和形象，反映了人的生活态度和价值取向。非遗的引入，无疑为建筑设计赋予了更深的文化内涵和更丰富的表现手段。以中国传统的剪纸艺术为例，它的图案丰富多彩，形式简洁有力，通过引入建筑装饰或空间序列设计，既可以提升空间的艺术性，也可以丰富其文化内涵。

（二）非遗在建筑材料的应用

非遗在建筑材料上的应用，体现了环保和可持续发展的理念。非遗技艺制作的建筑材料，多采用天然材料，工艺简洁，兼具实用性和艺术性，具有很强的生态友好性。比如，传统的石雕、砖雕、木雕等手工艺，它们不仅使得每一件建筑材料都独一无二，充满了艺术感，也在提升建筑的审美价值的同时，实现了对资源的最大限度的尊重和利用。

（三）非遗在建筑空间布局的借鉴

非遗在建筑空间布局中的应用，可以借鉴并融合现代设计。中国传统园林艺术是一个典型例子，它的空间布局和环境营造理念，富有诗意和深远的哲理，为现代建筑设计提供了丰富的启示。借鉴园林中的空间序列、景深营造、虚实对比等手法，可以提升现代建筑空间的层次感和韵律感，也可以创造出具有中国特色的人文环境。

（四）非遗在建筑功能和使用中的体现

建筑作为人类生活的重要场所，其功能和使用方式直接影响到人的行为和心理感受。非遗的引入，可以使建筑功能和使用更加人性化，更具社区意识和历史感。比如，在老年公寓设计中引入传统的棋牌等娱乐活动，可以使老人在享受现代生活便利的同时，也能体验到传统文化的乐趣。

（五）非遗在建筑空间中的创新性应用

非遗在建筑空间中的应用，不仅应该注重传承，更要注重创新。通过现代科技和艺术手法的引入，对非遗元素进行再创作，既可以提升非遗的现代感，也可以使建筑空间更具创新性。比如，在室内设计中，通过现代化的设计手法和科技手段，对传统的非遗元素如剪纸、书法、陶艺等进行再创作，不仅可以提升空间的艺术性，也可以使非遗在现代社会中焕发出新的生命力。

非遗在建筑空间中的应用，是传统和现代、历史和未来的有机融合。它不仅使建筑空间富有文化底蕴和艺术魅力，也为非遗的传承和发展提供了新的可能。

三、非遗故事在影视创作中的意义与价值

（一）非遗故事资源的引入

非遗中丰富的故事资源为影视创作提供了新的素材。例如，陕西的秦腔，其内含的丰富戏剧故事，被编剧和导演改编引入电视剧，丰富了影视剧的情节和人物设定。

（二）非遗的视觉表现

通过影视创作，非遗得以视觉化地表现。例如，电视剧中秦腔的戏

剧元素，通过影视语言得以视觉化地呈现，使观众能直观地感受到秦腔文化的艺术魅力。

（三）非遗的传播和推广

影视作品是非遗传播和推广的重要载体。秦腔的电视剧改编，使得这一非遗得以在更广大的范围内传播，观众通过观看电视剧，可以更深入地了解秦腔文化。

（四）非遗的现代诠释

影视创作是非遗现代诠释的重要手段。秦腔故事的电视剧改编，使得这一古老的非遗得到了现代化的诠释，呈现出新的艺术生命力。

（五）影视创作对非遗保护的贡献

通过影视创作，非遗得到了有效的保护与传承。秦腔故事的电视剧改编，不仅让这一非遗得到更广泛的传播，也提高了社会公众对秦腔文化的认知，为非遗的保护与传承作出了贡献。

四、非遗技艺在日常用品设计中的意义与价值

（一）非遗技艺在产品设计中的应用

非遗技艺的应用赋予了产品独特的文化价值。例如，将景德镇的陶瓷技艺融到茶具和餐具设计中，这些产品不仅具备实用功能，更是承载了深厚的文化内涵和艺术美感，使得产品具有更高的价值。

（二）非遗技艺与现代设计的结合

非遗技艺与现代设计的结合，让产品设计呈现出新的可能性。利用景德镇的陶瓷技艺设计的茶具和餐具，融合了传统工艺和现代设计理

念，使得产品设计既保留了传统文化的韵味，又满足了现代人的审美需求。

（三）非遗技艺的传承与创新

在日常用品设计中运用非遗技艺，是对传统工艺的一种创新传承。将景德镇的陶瓷技艺应用于日常用品设计中，实现了非遗技艺的再生产和再创新，使传统工艺在新的形式和领域中得到传承。

（四）非遗技艺在市场中的应用

将非遗技艺引入产品设计，也提升了产品的市场竞争力。例如，将景德镇的陶瓷技艺应用于茶具和餐具设计，以其独特的文化韵味和艺术美感吸引了消费者，提升了产品的市场份额。

（五）非遗技艺的社会意义

非遗技艺的应用在提升产品价值的同时，也促进了社会对非遗的认知和理解。利用景德镇陶瓷技艺设计的日常用品，使公众在使用过程中对景德镇陶瓷技艺有了更深入的了解，增强了对非遗的认知。

（六）非遗技艺的保护与发展

将非遗技艺运用到日常用品设计中，有利于非遗技艺的保护和发展。例如，景德镇的陶瓷技艺在茶具和餐具设计中的应用，提升了这一技艺的生产需求，为非遗技艺的保护和发展提供了有效途径。

五、非遗文化在公共空间中的意义与价值

（一）非遗与城市文化特色体现

非遗在公共空间的展示，如广东的狮舞表演，不仅是民间传统艺术

的展示，更是一种城市文化特色的体现。这种展示方式使得城市的公共空间充满了浓厚的地方文化气息，增强了城市的文化独特性。

（二）非遗与公众文化参与

广东狮舞在公共空间的展示，大大增强了公众对非遗的参与度。市民和游客不仅可以直接观赏到狮舞表演，还可以通过互动环节了解和体验非遗，进一步增强了非遗的传播力和影响力。

（三）非遗与城市形象塑造

非遗在公共空间的展示，如广东的狮舞表演，对于城市形象的塑造具有重要作用。这样的展示方式不仅提升了城市的文化品位，也提高了城市的知名度和吸引力。

（四）非遗与旅游产业发展

非遗的公共空间展示，如广东的狮舞表演，吸引了大量的游客，推动了旅游产业的发展。同时，这也使得非遗有更多的机会被外地游客了解和欣赏，扩大了非遗的影响范围。

（五）非遗与非遗保护

在公共空间展示非遗，如广东的狮舞表演，是非遗保护的重要途径。通过定期的表演，这项非遗技艺得到了更多样化的保护，也得到了更好的传承。

（六）非遗与社区建设

非遗在公共空间的展示，也为社区建设提供了新的元素。广东狮舞通过在社区公共空间展示，不仅丰富了社区文化生活，也增强了社区的凝聚力和向心力。

第二节　非遗与文创设计的关系和互动

非遗与文创设计的关系与互动，可以从四个方面展开论述，如图 3-2 所示。

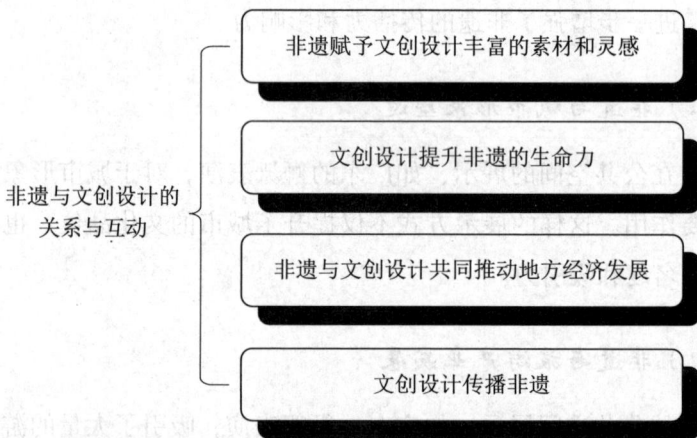

图 3-2　非遗与文创设计的关系与互动

一、非遗赋予文创设计丰富的素材和灵感

（一）非遗元素为文创设计注入文化内涵

非遗元素的引入，赋予了文创设计深厚的文化底蕴和丰富的内涵。以剪纸艺术为例，它运用在设计中，不仅为产品带来了独特的视觉效果，更赋予了设计深厚的文化内涵，使设计作品具有更强的文化张力和感染力。

（二）非遗元素促进文创设计的创新

非遗元素为设计师提供了丰富的灵感来源，促进了设计创新。设计师通过对非遗元素的研究和探索，得以开辟新的设计思路，从而推动设计创新。以剪纸艺术的应用为例，其独特的图案和色彩为服装设计、广告设计等提供了新的设计元素和思路。

（三）非遗元素丰富文创设计的故事性表达

设计师可以通过设计作品传递非遗的历史、故事和价值观，使设计作品具有更深层次的文化内涵。例如，在苏绣中，设计师通过创作作品展现苏绣技艺的传承历史、工艺过程和文化背景，使设计作品成为非遗的载体和传播媒介。这种文化故事的表达使人们更加深入地了解和欣赏非遗，增强了设计作品的意义和感染力。

二、文创设计提升非遗的生命力

（一）文化传承与创新

非遗作为传统文化的重要组成部分，其传承与创新是文创设计的核心目标之一。通过文创设计，非遗元素得以传承和延续，同时被赋予新的创意和表现形式。文创设计通过重新诠释和演绎非遗元素，将其与当代生活、审美和市场需求相结合，为非遗注入了新的活力和吸引力。例如，在泥塑艺术中，设计师将泥塑元素融入现代家居装饰品的设计，如花瓶、餐具等，使传统的泥塑艺术与现代生活方式相结合，满足了当代人对美的追求和实用性的需求。这种创新的文创设计不仅保留了泥塑的传统工艺和形式，还赋予了它们新的意义和功能，提升了非遗元素的生命力和吸引力。

（二）文化认同与身份认同

义创设计可以通过非遗元素的再创作和再设计，加强人们对非遗的文化认同与身份认同。文创设计的产品和服务以非遗元素为核心，传达了非遗的独特价值观、信仰体系和社会认同，使人们更加自豪和自信地与自己的文化遗产产生共鸣和联系。

例如，在泥塑艺术中，通过文创设计创作出以泥塑为主题的艺术品和装饰品，让人们通过欣赏和使用这些作品，加深对泥塑艺术的理解和认同。这种文创设计引发了人们对传统文化的关注和重视，使人们与泥塑文化间建立了情感纽带，增强了他们对泥塑文化的认同感。

（三）教育与推广

文创设计通过教育与推广活动，可以向公众传递非遗的知识和价值观念，促进文化传承和认知的延续。举办非遗文创设计的展览、工作坊、讲座等活动，可以让公众了解非遗的历史背景、技艺特点和社会意义，引发公众对非遗的兴趣和关注，并且对公众能够起到教育作用，从而进一步推广非遗。

以泥塑艺术为例，举办泥塑工艺的传统技艺培训班、泥塑文化展览等活动，使更多的人了解和学习了泥塑技艺，培养了一批泥塑的新生代传承人。同时，文创设计的展示和推广，将泥塑艺术传递给了更广大的公众，提高了非遗的影响力和传播效果。

（四）文化保护与可持续发展

文创设计提升非遗的生命力，其实就是促进文化保护和可持续发展。文创设计的创新和推广，为非遗传统工艺赋予了新的价值和意义，提高了其在当代社会的认可度和可持续发展能力。

以泥塑艺术为例，文创设计的创新和市场化运作，增加了泥塑作品的需求和销售，带动了相关产业链的发展和文化资源的保护。这种可持续发展的模式可以为非遗的传承和发展提供更为稳定的经济基础和社会支持。

（五）创意表达与艺术创新

文创设计为非遗的创意表达和艺术创新提供了广阔的平台和创作空间。设计师可以通过文创设计的方式，将非遗元素与艺术创作相结合，实现对非遗的再解读和再创作，推动传统工艺的艺术创新。

以泥塑艺术为例，设计师通过文创设计的方式，将泥塑元素与当代艺术语言相结合，创造出了富有创意和表现力的艺术作品。这种艺术创新不仅丰富了泥塑艺术的表现形式和内涵，也为艺术创作者提供了更多的创作可能性和表达方式。

三、非遗与文创设计共同推动地方经济发展

（一）产品的创新

非遗与文创设计的结合通过产品创新，将传统非遗元素融入现代设计，打造具有地方特色和文化内涵的产品。这些产品具有独特性和差异化，满足了消费者对独特文化的体验和对个性化产品的需求，为地方经济注入了新的活力。

以"多彩贵州"文创产品设计大赛为例，参赛作品通过将侗族、布依族、苗族的非遗元素与现代设计相结合，创作出了具有独特文化韵味的产品，如纺织品、陶瓷器、工艺品等。这些产品在市场上受到瞩目，为当地经济的发展带来了新的商机和增长点。

（二）旅游产业的推动

非遗与文创设计的结合可以为地方旅游产业注入新的活力和吸引力。开发非遗相关的文创产品和旅游体验项目，可以吸引游客参观、购买、体验，进而推动地方旅游业的发展。

以贵州的侗族、布依族、苗族文化为例，通过将非遗元素与旅游景

点和景区相结合，可以打造出独特的非遗旅游产品和体验项目，如非遗手工艺制作体验、非遗工艺品购物中心等。这些旅游项目吸引了大量游客前来参观和体验，促进了当地旅游产业的繁荣。

（三）就业机会的创造

非遗与文创设计的结合为地方创造了更多的就业机会。开展非遗相关的文创设计活动和项目，可以培养和吸引更多的设计师、工艺师和创意人才，提供了更多的就业机会和创业空间。

以"多彩贵州"文创产品设计大赛为例，这个活动吸引了大量的设计师和创意人才参与，他们通过与当地非遗工艺师合作，创作出丰富多样的文创产品。这些活动不仅为当地的设计师和工艺师提供了就业和收入来源，也为当地创业者提供了创业的机会和平台。

（四）地方品牌的塑造

非遗与文创设计的结合可以为地方打造独特的非遗品牌形象，提升地方产品的知名度和美誉度。通过文创设计的力量，将非遗元素赋予产品独特的文化内涵和品牌故事，建立起与地方文化紧密相关的品牌形象。

以贵州的侗族、布依族、苗族文化为例，通过将非遗元素融入产品设计，打造了一系列具有地方特色和文化认同的品牌产品。这些产品在市场上获得了较高的知名度和认可度，成为地方的非遗品牌代表，推动了当地产品的销售和品牌价值的提升。

（五）市场价值的赋予与地方经济的发展

文创设计可以为非遗赋予市场价值，推动非遗产业的经济发展。将非遗元素融入产品设计和创意产业，可以打开更广阔的市场，吸引更多的消费者和投资者。文创设计的产品和服务不仅具有独特的文化内涵和艺术价值,还具备商业化和市场竞争力。

以泥塑艺术为例,通过文创设计,将泥塑元素应用于手工艺品、文创礼品、旅游纪念品等产品,赋予它们独特的艺术价值和文化符号,从而吸引更多消费者的关注并提升其购买意愿。这不仅带动了泥塑产业的发展,也为当地经济增加了新的动力和就业机会。

四、文创设计传播非遗

(一)非遗的包容性传播

通过文创设计,非遗以更包容的方式传播给更广泛的人群。设计师可以将非遗元素融入各种纪念品、礼品和日常用品,使其成为人们日常生活的一部分。这种设计方法使非遗更易于被接受和理解,引起人们的兴趣和关注,从而达到非遗传承和推广的目的。

以宋印为例,通过将宋印元素融入各种文创产品,如印章、纪念品、文具等,使人们在使用这些产品的同时了解和感受到宋印的独特魅力。这种包容性的传播方式使非遗文化能够与现代生活紧密联系,吸引了更多人的关注和喜爱。

(二)非遗的体验性传播

通过文创设计,非遗可以通过丰富的体验方式传播给人们。设计师可以通过设计非遗体验项目、展览和活动,让人们亲身参与,使其体验非遗的魅力。

以京剧为例,设计师可以通过设计京剧体验馆、互动展览和戏曲表演活动,让人们近距离观赏和体验京剧的表演艺术和文化内涵。这种体验性的传播方式使人们能够更直接地感受到非遗的独特魅力,增强他们对非遗的兴趣和认同。

通过文创设计的方式,非遗以包容性传播、体验性传播的形式得到传承和推广。这种方式使非遗与现代生活紧密相连，吸引了更广泛的人群关注和参与，促进了非遗的传承和发展。

第三节　非遗与文创设计的融合模式和实践

非遗与文创设计的融合模式和实践，主要可以从两个大的方面展开论述，如图 3-3 所示。

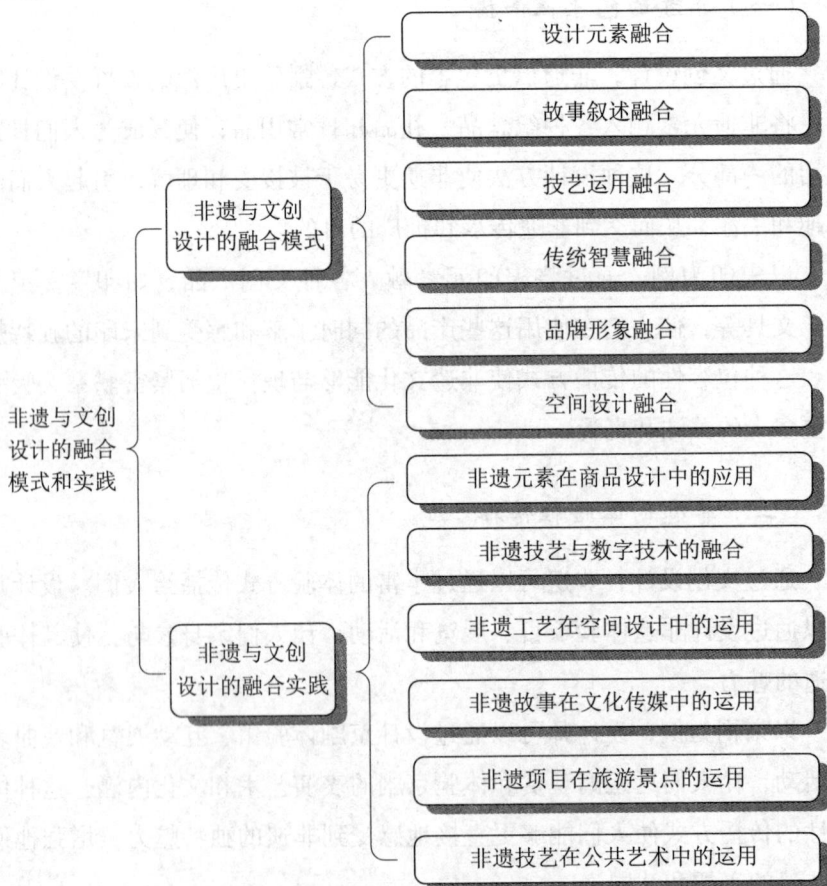

		设计元素融合
非遗与文创设计的融合模式和实践	非遗与文创设计的融合模式	故事叙述融合
		技艺运用融合
		传统智慧融合
		品牌形象融合
		空间设计融合
	非遗与文创设计的融合实践	非遗元素在商品设计中的应用
		非遗技艺与数字技术的融合
		非遗工艺在空间设计中的运用
		非遗故事在文化传媒中的运用
		非遗项目在旅游景点的运用
		非遗技艺在公共艺术中的运用

图 3-3　非遗与文创设计的融合模式和实践

一、非遗与文创设计的融合模式

（一）设计元素融合

非遗元素可被提取和抽象，成为文创设计的构成元素。例如，江苏扬州的剪纸艺术，其特有的花鸟、人物剪影等设计元素被广泛运用到各类文创产品设计中，既保留了非遗的文化特色，又满足了现代人对于审美和实用性的需求。

（二）故事叙述融合

非遗往往包含丰富的历史和文化故事，这些故事可以被融入文创设计，从而增加设计作品的文化内涵和故事性。例如，利用川剧变脸的历史故事，创作系列插图、动画等，形成独特的视觉故事，增强文创产品的吸引力。

（三）技艺运用融合

非遗中的技艺，如绘画、刺绣、雕刻等，可以直接运用到文创设计中，使设计作品具有独特的工艺美感。例如，北京的景泰蓝工艺在一些首饰、装饰品的设计中得到应用，这不仅保留了非遗技艺，也提升了文创产品的艺术价值。

（四）传统智慧融合

非遗中包含丰富的传统智慧，这些智慧可以被融入文创设计，为现代生活带来新的价值和启示。比如，福建泉州的竹编艺术，其环保、可再生的特性被现代设计师借鉴，推出了一系列环保竹制品，满足了现代人对环保生活的需求。

（五）品牌形象融合

非遗可以作为品牌形象的一部分，利用本地的非遗元素，提升品牌的文化内涵和市场竞争力。一些本地品牌将本地非遗作为品牌形象，提升了品牌的独特性和辨识度。

（六）空间设计融合

非遗也可以被融入空间设计，如酒店、餐厅、店铺等，使空间充满独特的文化气息。例如，杭州的某些旅游景区，将传统的建筑元素和民俗文化融入空间设计，为游客提供了浓厚的文化体验。

二、非遗与文创设计的融合实践

（一）非遗元素在商品设计中的应用

非遗元素在商品设计中的运用已经成为一种趋势。例如，浙江湖州的刺绣技艺被运用在一系列的配饰设计中，如钱包、手帕、围巾等。这些文创产品既展示了湖州刺绣的美感，又满足了现代人的生活需要。

（二）非遗技艺与数字技术的融合

非遗技艺与现代数字技术的结合可以创造出全新的文创产品。例如，陕西的皮影戏与现代动画技术相结合，制作出一系列皮影动画短片，这既传承了皮影戏的非遗技艺，又吸引了年轻人的注意力。

（三）非遗工艺在空间设计中的运用

非遗工艺可以被融入空间设计，形成独特的文化氛围。例如，广东潮州的瓷器工艺，被应用到一些餐厅和茶馆的装饰设计中，让消费者在体验服务的同时，也能感受到浓厚的非遗气息。

（四）非遗故事在文化传媒中的运用

非遗中的历史和文化故事，可以被用于文化传媒的创作。例如，山东的鲁菜文化被制作成了一系列的美食纪录片，这不仅让观众了解到鲁菜的烹饪技艺，也传播了鲁菜的文化内涵。

（五）非遗项目在旅游景点中的运用

非遗项目也可以被融入旅游景点设计，提升旅游体验的文化内涵。例如，四川成都的非遗项目被融入旅游线路设计，使游客在游玩的同时，也可以体验到地道的非遗。

（六）非遗技艺在公共艺术中的运用

非遗技艺也可以被用于公共艺术的创作。例如，江苏南京的灯彩艺术，被运用到城市的夜景设计中，既美化了城市，也展示了本地的非遗技艺。

第四章 非遗的数字化传承

第一节　非遗数字化的意义与价值

一、非遗数字化的意义

非遗数字化作为传统文化保护的一种新型技术，其形式丰富多元。接下来从以下六个方面深入剖析非遗数字化的深远影响：

（一）保护与传承传统文化

非遗数字化的核心价值之一在于对传统文化的保护与传承。非遗数字化要求利用先进的数字技术，对非遗进行全面、详细的记录和描述，从而形成可长期保存、随时查阅的非遗数据库。这些数据库的存在，防止了由于各种原因可能导致的文化信息的丧失，为传统文化的保护与传承提供了强有力的支持。例如，中国非遗数字化保护工程收录了大量的非遗资料，包括音频、视频、图像、文字等多种形式，有效地保留了众多的传统文化。这些翔实的记录和精美的视听资料，让人们能够全方位、多角度地了解非遗项目，进一步加深对传统文化的理解和认识。

非遗数字化还有助于实现传统文化的活态传承。它让非遗项目跨越了时间和空间的限制，使得更多人有机会接触和了解传统文化。通过互动式的数字技术，如虚拟现实技术（VR）和增强现实技术（AR），人们甚至可以身临其境地体验传统技艺、生活习俗、表演艺术等。这种真实而直观的体验大大丰富了传统文化的传播方式，也提高了人们对非遗项目的接受度和参与度。

非遗数字化对于学术研究也具有重要价值。大量的数字资料为学者提供了丰富的数据源,使得他们能够多角度、多层次地深入研究非遗,推动相关学科的学术发展。

非遗数字化是实现传统文化保护与传承的重要手段,它不仅使得非遗能够得到有效保存,而且通过提供丰富、直观的体验,激发了更多人对传统文化的兴趣和热爱,为传统文化的活态传承提供了新的可能。在未来,随着数字技术的进一步发展,非遗数字化将在传统文化保护与传承中发挥更大的作用。

(二)拓宽非遗传播途径

非遗的数字化实践,为非遗的传播提供了全新的途径。这种途径利用网络、手机应用程序、VR 和 AR 等先进的数字媒体技术,大大拓宽了非遗的传播领域,使得更多的人能够在不同的时空下了解非遗。

以云南省的非遗项目为例。在数字化的推动下,云南省的非遗项目已经不再局限于传统的展示方式,而是通过网络和手机应用程序等方式,使全球观众可以在手机或电脑前即刻了解并欣赏云南的非遗。这种方式不仅打破了地域的限制,让远在他乡的人们能够感受到云南非遗的魅力,也打破了时间的束缚,使得人们可以在任何时间接触和学习非遗。

VR 和 AR 等先进的数字技术,也为非遗的传播提供了全新的可能性。这些技术可以提供身临其境的体验,让人们更真实、更直观地感受非遗的魅力。例如,人们可以通过 VR,亲身体验云南的传统技艺,如手工染布、制陶等,这种体验既真实又直观,能够让人们深入了解并欣赏非遗。

非遗的数字化传播还有助于吸引和培养年轻一代对非遗的兴趣。面对网络和新媒体的冲击,许多年轻人可能对传统文化的接触和了解较少。于是,通过数字化的方式,非遗以更符合年轻人口味的方式进行传播,从而吸引他们的注意力,培养他们对非遗的兴趣。

非遗的数字化传播不仅拓宽了非遗的传播途径，让更多的人有机会了解和欣赏非遗，也为非遗的传播提供了全新的可能性。在未来，随着数字技术的进一步发展和应用，非遗的数字化传播将会更加丰富和多元，对非遗的传播和保护将发挥更大的作用。

（三）增强非遗的生动性和互动性

非遗的数字化转化，带来了对非遗呈现形式的革新，使非遗能够以更为生动和互动的形式展现于公众面前。现代科技尤其是 VR 和 AR 等技术的应用，进一步强化了非遗的感官体验和交互性。

以安徽省的徽剧非遗项目为例，利用 VR 技术，非遗项目能够为观众提供更真实、更立体的观赏体验。在徽剧的数字化展示中，观众通过 VR 设备，仿佛置身于传统剧场，可以亲眼观看演员的精彩表演，听到动人的唱词，甚至能感受到剧场的热烈气氛。这种全方位、立体化的体验，让非遗的传播更加生动，也大大提高了观众的观赏体验。

而 AR 技术，也为非遗的传播提供了新的可能性。这种技术可以将数字信息融入真实环境，使得观众能够在实际环境中互动并了解非遗。例如，通过 AR 技术，观众可以在博物馆或公园等地点，看到非遗的三维模型或者动态演示，甚至可以与这些非遗元素进行交流与互动。这种方式不仅让非遗的传播更具互动性，也使得观众能够在自然和舒适的环境中，更好地了解和欣赏非遗。

VR 和 AR 等现代科技的应用，也有助于非遗文化的传承。通过这些技术，传统的师徒教学模式得到改进，使学习者可以通过模拟实践，更直观地理解和掌握非遗技艺。此外，这些技术也能帮助非遗传承者和相关学者对非遗进行更深入的研究和记录，从而为非遗的保护与传承提供科技支持。

非遗的数字化，利用现代科技，提高了非遗的生动性和互动性，为观众提供了更为丰富的观赏体验，也为非遗的保护与传承开辟了新的途径。然而，技术的应用并不是目的，最重要的还是如何利用这些技术，更好地保护与传承非遗，让更多的人能够了解、欣赏和传承非遗。

（四）促进非遗创新发展

非遗数字化的推动，不仅使得传统文化得以有效保存，还为其注入了新的生命力。现代技术的运用，为非遗的创新发展提供了可能性。在对非遗进行数字化转化的过程中，现代技术能够为非遗的创新提供有力的工具和平台。

以江苏省的苏绣非遗项目为例，其在利用数字化技术进行非遗创新的过程中，表现出显著的效果。苏绣作为中国四大名绣之一，拥有深厚的历史文化底蕴和精致的技艺特征。然而，随着社会的变迁和人们审美观念的转变，如何在保持传统特色的同时，满足现代社会的审美需求，成为苏绣发展的一大挑战。在这种背景下，苏绣开始利用数字化技术，进行创新设计和创作。

通过数字化技术，苏绣的设计者在计算机上模拟绣花过程，进行无损地试验和修改，使设计过程更为高效，同时可以避免传统手工制作过程中的不可逆性。此外，数字化技术还可以将苏绣的图案转化为数字信号，通过电脑进行精确控制，使得绣花过程更为精细，绣出的图案更加生动。

利用数字化技术，苏绣还能与各种现代设计元素进行融合，打造出富有现代感的作品。例如，设计者可以将苏绣与现代插画、3D 模型等相结合，创作出独特的视觉效果。这种创新的设计方法，不仅能够满足现代人的审美需求，也能够打开苏绣新的市场空间。

虽然数字化技术在非遗的创新发展中发挥了重要作用，但在利用现代技术进行非遗创新的过程中，需要尊重和保留非遗的传统特色。只有在尊重传统的基础上，非遗的创新才能得到真正的发展。

非遗的数字化不仅保护了传统文化，更推动了非遗的创新发展。通过现代技术的运用，非遗得以在保留传统韵味的同时，融入现代设计元素，打开新的发展空间。然而，无论非遗的创新如何发展，都需要始终坚守对传统文化的尊重和保护。这将是非遗数字化在未来发展中需要持续关注的问题。

（五）推动传统文化的国际化进程

在经济全球化的背景下，非遗数字化显现出其推动传统文化国际化进程的重要性。网络及其他网络化平台的广泛应用，提供了一个巨大的窗口，通过这个窗口，中国的非遗可以迅速推向世界，让全球观众有机会接触、了解并欣赏到中国的非遗。

以北京市的京剧非遗项目为例，京剧作为中国传统戏曲艺术的代表，拥有深厚的历史底蕴和独特的艺术风格。然而，由于语言、文化等差异，京剧在国际舞台上的传播面临着挑战。而京剧非遗项目的数字化，无疑为其打开了国际化的大门。

借助数字化技术，京剧可以通过网络平台，以文字、音频、视频等多种形式展现给全球观众，打破地域和语言的限制，让更多的人能够接触到京剧这一中国的传统艺术。例如，京剧的精彩片段、表演技艺、背后的历史文化等，都可以通过数字化形式呈现出来，让观众能够更全面、更深入地了解京剧。

非遗数字化也为京剧的国际传播提供了新的方式。例如，通过 VR/AR 等技术，观众可以获得更为生动、真实的观看体验，仿佛置身于京剧的现场。这种新颖的体验方式，让国际观众在感受京剧的魅力的同时，能够更深入地理解中国的传统文化。

非遗数字化还为京剧与其他文化的交流提供了平台。通过数字化平台，京剧可以与其他文化进行对话，还可以进行创新的融合，生成新的艺术形式，这无疑也将提升京剧在国际舞台上的影响力。

非遗的数字化为传统文化的国际化提供了重要的工具和途径。它打破了地域和语言的限制，让传统文化得以在全球范围内传播，同时推动了文化的交流和创新，对推动传统文化的国际化进程起到了积极作用。

（六）提供丰富的学术研究资料

非遗数字化在保护、传承、传播非遗的同时，为学术研究提供了丰富的原始资料，这一点在广东省的雷剧非遗项目中表现得尤为明显。雷剧作为一种具有广东地域特色的戏曲艺术形式，其独特的音乐、表演方式，以及富有地方特色的历史文化底蕴，都是学术研究的重要对象。

雷剧的非遗数字化项目，将演出视频、音频、剧本、历史资料等进行了数字化处理。这些资料在网络上得以保存和传播，为音乐、舞蹈学、戏剧、电影、中国史等学科的研究者提供了丰富的研究材料。例如，音乐与舞蹈方面的学者可以通过分析雷剧的音乐样式，研究广东地方音乐的特色和发展历程；戏剧与影视方面的学者可以通过观察雷剧的表演艺术，了解中国传统戏剧的表演艺术特征；中国史方面的学者则可以通过雷剧的历史文化背景，探究广东地方历史的演变。

这些非遗数字化资料的公开，也推动了跨学科的研究。不同学科的学者可以基于这些资料，进行跨学科的交流和合作，从多个角度、多个层面推动雷剧研究的深入和发展。

非遗数字化资料还可以吸引更多的年轻学者投身于非遗研究。现代科技的运用，让这些年轻学者可以更直观、更便捷地接触和了解到非遗，激发他们对非遗的研究兴趣，也为他们提供了丰富的研究素材。

在这个意义上，非遗数字化不仅保护和传播了非遗，也对非遗的学术研究产生了积极影响，推动了非遗研究的深入和发展，也为更多的人提供了了解和研究非遗的途径和手段。

非遗数字化是一个具有重大意义的过程，它不仅可以保护与传承传统文化，还可以拓宽非遗传播途径，增强非遗的生动性和互动性，促进非遗创新发展，推动传统文化的国际化进程，以及提供丰富的学术研究资料。这无疑对非遗保护和发展都具有深远影响。

二、非遗数字化的价值

非遗数字化涉及的价值层面广泛且深远，接下来从以下六个方面深入剖析非遗数字化的独特价值：

（一）文化保护价值

非遗数字化体现了其在文化保护层面的显著价值。这种新兴技术的应用，确实提供了一种对非遗进行保护、保存和传播的有效途径。

借助数字技术，非遗项目能够被转化为音频、视频、图像、文字等多种形式，从而能在物理形态外更进一步地得到保存。与传统的保护方式相比，数字化技术使非遗项目的存储更为持久、稳定，大大延长了其生命周期，有效避免了传统文化随时间流逝而消失的困境。这使得后人能够从这些可靠且长久的文化遗产中，深入理解和学习传统文化。

在此基础上，非遗项目的数字化资料还可以用于文化修复和再现。例如，对于已经失传或者临近失传的非遗项目，通过分析和研究其数字化资料，可以尽可能地重建其原始状态，使之得以"复活"。对于那些因各种原因而无法实物展示的非遗项目，可以借助数字化技术进行虚拟展示，如使用 3D 技术构建虚拟模型，让观众能够在虚拟环境中进行互动体验。这种方式不仅可以让更多人接触和了解非遗，也有利于提高公众对非遗保护的认识和参与意愿。

总之，非遗数字化的文化保护价值体现在两个方面：一是通过转化为多种形式，为后人留下可靠的、长久的文化遗产，有效防止文化遗失；二是为文化修复、再现提供必要的数据支持，通过虚拟技术使非遗得以在新的环境中延续和发展。

（二）信息传播价值

非遗的数字化转型为其提供了新的、高效的信息传播途径。在这个过程中，数字化不仅显著提升了非遗的传播效率，还大大拓宽了其受众范围，使得传统文化能够在更广泛的领域中传播并得到了更多人的认同。

在这个时代，网络和新媒体已经成为信息传播的主流方式。借助互联网的力量，非遗项目的数字化资料可以被迅速、广泛地推广开来。无论是音频、视频、图像，还是文字，都可以通过网络快速传播，打破地域限制，让更多人了解非遗。

互联网的社交性和互动性也为非遗的传播提供了更多可能。借助社交媒体、在线社区等网络工具，非遗项目可以被更多人分享、讨论，从而让更多人参与非遗保护与传承的过程。同时，非遗项目的数字化还可以为相关的教育和研究提供丰富的资源，进一步提高非遗的影响力。

非遗项目的数字化还为其商业化提供了可能。将非遗项目与电子商务、旅游等行业相结合，可以创造出新的商业模式，帮助非遗项目实现自我增值，同时使其得以在更大的范围内传播。

总之，非遗数字化信息传播价值体现在三个方面：一是提供了新的、高效的传播方式，使非遗的受众范围大幅扩大，从而使传统文化得以广泛传播；二是借助互联网等工具，非遗项目可以被迅速、广泛地推广，增加了公众的了解和参与度；三是为非遗项目的商业化提供了可能，帮助非遗项目实现自我增值，同时推动了其更大范围的传播。

（三）体验感知价值

非遗的数字化不仅可以将传统文化的传播推向新的层次，还以一种更为生动、立体的方式展现出来，从而增强观众的感知体验，这一体验感知价值在现代数字技术的推动下得到了显著提升。例如，通过使用VR和AR等前沿技术，非遗项目可以在数字环境中为观众提供一个深度沉浸式的体验。观众可以亲身体验传统技艺的制作过程、生活习俗的日常实践，以及表演艺术的现场演出等。这种深度沉浸式的体验有助于观众更直观、更深刻地理解和感受非遗，从而提升对非遗的认同感。

数字化还为非遗项目提供了个性化的体验服务。通过智能化推荐算法，根据观众的喜好和行为习惯，提供更符合个人需求的非遗体验，使观众在享受文化体验的同时，也能感受到非遗的丰富性和多样性。

数字化还能够突破空间的限制，使观众可以随时随地体验非遗。这对于那些由于各种原因不能直接接触到非遗的人来说，无疑提供了一种新的接触和体验方式。

总之，非遗数字化的体验感知价值体现在三个方面：一是提供了深度沉浸式的体验，使观众可以更直观、更深刻地感知非遗；二是提供了个性化的体验服务，让观众在享受文化体验的同时，也能感受到非遗的丰富性和多样性；三是突破了空间的限制，使观众可以随时随地体验非遗，增强了其对非遗的理解和认同感。

（四）创新发展价值

非物质文化遗产的数字化在创新发展方面具有明显的价值，为传统文化的创新与演变提供了新的可能性。通过数字技术的应用，传统文化得以从新的角度被解读，从而发掘出其中潜在的元素和价值。

数字技术以其独特的视角和手段，开启了对传统文化新元素的探索，这包括通过数据挖掘、模式识别等手段，从大量的非遗数据中发现传统文化的新趋势、新特征。这些新的发现，有助于人们更深入、全面地了解非遗文化，也为非遗的创新提供了新的思路和方向。

数字化为非遗的创新发展提供了新的手段和工具。通过数字化技术，非遗项目能够以新的形式进行创新。例如，将传统手工艺转化为数字艺术，或将传统表演艺术以 VR、AR 等形式呈现。这些新的表现形式，不仅增加了非遗的艺术魅力，也拓宽了非遗的传播途径和受众群体。

数字化还提升了非遗的市场价值。通过数字化,非遗项目可以被更方便地整合、包装、推广,从而提升自身的商业价值。同时,对非遗数据进行分析,也可以更准确地把握市场需求,从而进行针对性的产品开发和市场推广。

总之,非遗数字化的创新发展价值体现在三个方面:一是发掘传统文化的新元素,为非遗的创新提供了新的思路和方向;二是利用数字化技术,使非遗项目以新的形式展现,增加了其艺术魅力和市场价值;三是提升非遗的市场价值,为非遗项目的商业化发展提供了新的可能性。

(五)国际交流价值

非遗的数字化在推动传统文化的国际交流方面具有显著的价值。全球的通信网络和数字化技术为非遗的国际传播提供了广阔的空间和有效的手段,从而将中国的非遗项目推向全球,让更多的人有机会了解、感知并欣赏中国的传统文化。

在信息时代,全球的文化交流越来越依赖于数字技术。通过网络等平台,非遗项目可以被快速、广泛地传播至全球各地。无论是音乐、舞蹈、戏曲,还是手工艺、传统知识,都可以通过音频、视频、图像、文字等多元化的形式,呈现给全球的观众。这不仅有助于扩大非遗项目的影响范围,也有助于增进全球观众对中国传统文化的了解和认知。

非遗的数字化还有助于增强文化交流的深度和效果。例如,利用VR、AR 等技术,观众可以在数字环境中亲身体验非遗,从而更深入地感知和理解传统文化的魅力和价值。此外,数字化还可以支持非遗的跨文化比较研究,帮助全球的观众从对比的视角理解和欣赏非遗。

总之,非遗数字化的国际交流价值体现在三个方面:一是通过全球的通信网络,将非遗项目推向全球,扩大其影响范围;二是利用数字化技术,增强文化交流的深度和效果;三是支持非遗的跨文化比较研究,提升中国文化的国际影响力。这些作用,使得非遗的数字化成为推动中国传统文化国际交流的重要手段。

（六）学术研究价值

非遗数字化的价值还在于为学术研究提供了丰富的数据源，促进了相关学科的学术发展。通过数字化技术，非遗项目的各类信息被转化为数字资料，如图像、声音、视频和文字等，形成了大量的数字化资源。这些资源为学者研究非遗提供了前所未有的便利，也丰富了学术研究的内容和方法。

非遗数字化为学术研究提供了广泛的数据源。无论是研究非遗的历史、传承、变迁，还是研究非遗与社会、经济、环境的关系，都需要大量的实证研究数据。非遗的数字化，让这些数据得以保存、整理和共享，使得学者可以从中获取信息，进行深入的研究。

非遗数字化丰富了学术研究的内容和方法。传统的非遗研究主要依赖于田野调查和口头访谈，而数字化的非遗资料则提供了新的研究方法，如数据挖掘、模式识别、网络分析等。这些新方法可以帮助学者从大量的非遗数字资料中发现新的知识和规律，进一步丰富和深化非遗研究的内容。

非遗数字化还有助于跨学科的合作研究。非遗数字化的过程涉及了许多不同的学科，如计算机科学技术、信息与系统科学相关工程与技术、艺术学、社会学等。这些学科的学者可以通过共享和利用非遗的数字化资源，进行跨学科的合作研究，推动相关学科的发展。

在此基础上，非遗数字化还为学术教育提供了支持。例如，非遗的数字化资料可以被用于教学，帮助学生更直观、更深入地理解非遗。同时，非遗的数字化过程也可以作为教学案例，帮助学生了解和掌握数字化技术和方法。

总之，非遗数字化的学术研究价值体现在四个方面：一是为学术研究提供广泛的数据源；二是丰富学术研究的内容和方法；三是促进跨学科的合作研究；四是支持学术教育。这些作用使得非遗数字化对学术研究具有重大的价值，对于推动相关学科的学术发展具有积极的意义。

综上所述，非遗数字化的价值既体现在文化保护、传播、体验、创新等方面，又体现在国际交流和学术研究等层面。非遗数字化无疑是传统文化传承发展的重要路径，其深远的影响力和广阔的应用前景值得人们去深入挖掘和积极推动。

第二节　非遗数字化的技术手段和应用

一、非遗数字化的技术手段

非遗数字化的技术手段，可以从以下六个方面展开论述，如图 4-1 所示。

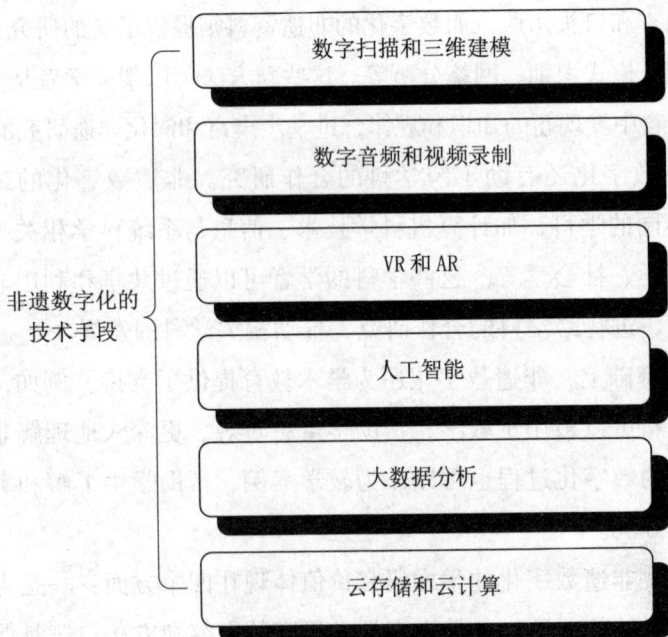

图 4-1　非遗数字化的技术手段

（一）数字扫描和三维建模

数字扫描与三维建模技术的应用，正在深度改变对非遗的理解与保护。河南省的传统木雕艺术便是这种技术利用的明证。以往，这种精细复杂的工艺仅能通过实物展示，观者的接触往往受限于物理空间与地理位置。然而，数字扫描与三维建模的出现，打破了这种局限性。通过高精度的扫描设备，将这种木雕艺术转化为数字数据，再配合三维建模技术，构建出高度逼真的数字模型，从而使这种传统工艺可以在虚拟环境中得到更广泛地展示和传播。

数字扫描和三维建模技术使非遗实体物件的形态、结构和纹理等细节得以精确复制和长期保存，对于非遗实体物件的保护具有重大意义。这不仅是对非遗实体物件的复制，而且是对非遗精神的传承。河南的传统木雕艺术，从物理空间到虚拟空间，实现了传统工艺的现代化转型。而对于其展现的非遗内涵，通过数字化的展示和传播，可以让更多的人接触到并理解这种传统工艺，从而促进非遗的传承。然而，仅有技术手段是不够的，必须意识到非遗的保护与传承需要整个社会的共同努力。虽然数字扫描与三维建模可以提供视觉上的体验，但真正理解和接纳非遗，需要通过各种方式进行深入地学习和体验。比如，可以举办以保护与传承非遗为主题的活动，提供非遗教育课程，以实践的方式让公众接触和了解非遗，同时需要有政策的引导和支持，以保障非遗保护与传承的长远发展。

回顾历史，传统的非遗保护主要依赖于传承人的技艺传递和实物的保存。然而，在现代社会，这种传统的保护方式面临诸多挑战，如传承人数量的减少、实物的破损和遗失等。而数字扫描与三维建模等现代技术的介入，无疑为非遗保护带来了新的可能。未来，这些技术将在非遗保护与传承中发挥更大的作用，推动非遗事业的发展。但同时应意识到，非遗的保护与传承既需要技术的支持，也需要文化的理解和接纳，只有这样，才能真正实现非遗的长久保护与传承。

（二）数字音频和视频录制

对于非遗的保护与传承，数字音频和视频录制技术发挥着重要的作用。例如，四川省的川剧变脸技艺，这一神秘的表演艺术，依托数字技术，可以被详细地记录和传播。通过高清晰度的音视频记录，观众能够在任何时间、任何地点，都可以欣赏到川剧变脸的细微之处，甚至能透过画面感受到艺人的心情变化与故事情节的推进。

数字音频和视频录制技术可以全方位、无缝捕捉到非遗表演的精华部分，包括音调、音色、表情、动作、道具、布景等细节。而这些细节恰恰是非遗艺术魅力的来源。以川剧变脸为例，艺人在瞬息间的脸部肌肉运动、手部的细微动作，以及音乐、灯光的配合等，都是高清晰度音频和视频录制技术所捕捉的对象。通过这样的记录，观众可以更深入地理解这项非遗技艺的内涵，从而对其产生更深的热爱和尊重。

数字音频和视频录制技术还提供了一种有效的非遗教育方式。通过观看高清晰度的非遗表演视频，观众不仅可以欣赏非遗艺术，还可以学习和理解其背后的历史文化和艺术技巧。这为非遗艺术的传承教育提供了强大的工具，能够吸引更多的年轻人接触和学习非遗艺术，从而实现非遗的传承。

虽然数字音频和视频录制技术为非遗保护与传承提供了新的可能，但也应注意到，非遗艺术的价值不仅仅在于其形式，更在于其内涵。因此，在利用数字技术进行非遗保护的同时，也需要重视非遗艺术的精神和文化价值，通过各种方式进行深入的传播和教育。在这个过程中，政府、社区、学校和媒体等各方都需要共同参与，共同致力于非遗艺术的保护与传承。

（三）VR 和 AR

VR 和 AR 技术的出现，为非遗的保护和传播提供了新的可能性。这两项技术使非遗在虚拟环境中得以展示，增强了非遗传播的互动性和沉浸感。以浙江杭州的西湖文化为例，通过 VR 技术的应用，观众可以身临其境地体验西湖的美景和历史故事，这一技术的使用无疑使传统文化的体验方式得以拓展，也为非遗保护开辟了新的途径。

VR 与 AR 技术的优势在于它们能够打破时间和空间的束缚，让观众可以无论何时何地都能接触和体验非遗，这一点对于非遗的传播有着较大的意义。

VR 和 AR 技术还提供了一种新的非遗教育方式。通过沉浸式的体验，观众可以更直观地了解非遗，也更容易对非遗产生兴趣和喜爱。例如，通过 AR 技术体验西湖文化，观众不仅可以欣赏美景，还可以了解到其背后丰富的历史文化内涵。这对于非遗的传承教育具有重大意义，可以吸引更多的年轻人接触和学习非遗。

虽然 VR 和 AR 技术为非遗保护与传播提供了新的可能，但非遗保护的任务仍然艰巨。非遗的内涵丰富深厚，包含了人们的生活方式、思维方式、价值观等，而这些东西并不能完全通过虚拟的方式体现出来。因此，在利用 VR 和 AR 技术进行非遗保护的同时，也需要注重对非遗内涵的深入研究和传播，通过各种方式让更多的人理解和接纳非遗，共同推动非遗的保护与传承。

（四）人工智能

人工智能（AI）已逐渐成为非遗保护与传播的有力工具。通过 AI 技术，非遗信息的传播可以实现个性化推荐和智能答疑，进一步提升非遗的传播效率和影响力。以非遗知识问答系统为例，其基于 AI 的系统可以根据用户的需求，提供及时、准确的非遗信息，帮助公众更深入地理解和欣赏非遗。

AI 技术具有智能学习和自我优化的能力，可以不断收集和分析用户的行为和喜好，根据这些信息，向用户推荐他们可能感兴趣的非遗。这种个性化推荐方式不仅可以吸引更多的人接触和了解非遗，也能够满足用户的个性化需求，提高非遗的传播效果。

AI 技术也可以构建智能问答系统，为用户解答非遗相关的问题。这一系统能够提供更便捷、准确的非遗信息服务，满足用户的实时查询需求，帮助他们更好地理解非遗。以非遗知识问答系统为例，用户可以通过该系统，获取各种非遗项目的详细信息，如项目的起源、发展历程、技艺要点等，从而更深入地了解非遗。

尽管 AI 技术在非遗保护与传播中具有较大的应用潜力，但非遗的内涵和精神是无法通过科技完全传达的。因此，非遗保护工作既要充分利用科技的便利，也要注重人的参与和感受。在非遗的传承和推广中，需要关注非遗的深层内涵和精神价值，通过多元化的方式，让更多的人理解、欣赏并传承非遗。

（五）大数据分析

大数据分析技术在非遗的保护和传播中扮演着重要角色。大数据分析技术通过对非遗数字化资料的深度挖掘，能够挖掘出非遗的深层规律，从而为非遗的保护与传承提供科学依据。以对全国非遗项目的大数据分析为例，可以揭示非遗的分布、类型等特点，为制定更为科学、有效的非遗保护策略提供依据。

大数据分析技术可以对海量的非遗数据进行有效处理，如数据清洗、分类、聚类等，从而提取出有价值的信息。在全国非遗项目的大数据分析中，可以通过对项目的类别、地域分布、保护状态等信息进行分析，揭示非遗的整体分布特点和变化趋势。这些信息对于制定非遗保护政策、了解非遗的生存状况具有重要意义。

大数据分析技术还可以用于研究非遗的内在规律。例如，通过对非遗项目的文化内涵、技艺特点等信息进行深度挖掘，可以揭示非遗的深层结构和规律，进一步理解非遗的特性和价值。这对于深入推动非遗的保护和传播工作具有重大意义。

虽然大数据分析技术为非遗保护提供了新的视角和工具，但也必须意识到，非遗的保护与传承还需要依赖于人们的实际参与和努力。在保护非遗的过程中，需要注重发挥人的主体性，鼓励和引导广大公众参与非遗的保护和传播活动，以确保非遗的传承和发展。

（六）云存储和云计算

云存储和云计算技术为非遗的数字化保护和传播提供了强大的支持。云技术的应用不仅解决了非遗数字资料存储的问题，也优化了信息处理流程，大大提升了非遗信息的可获取性和传播效率。

云存储技术的应用，克服了地理限制，为非遗数字化资料的集中存储和共享提供了可能。通过云存储，各地的非遗数字化资料可以进行集中存储，不仅大大节省了存储空间，也降低了数据丢失的风险。同时，云存储技术实现了非遗资料的高效共享。无论身处何处，人们都可以方便地访问和下载云端的非遗资料，从而获取所需的非遗信息，大大提高了非遗信息的可获取性和传播效率。

而云计算技术的应用，使得非遗数据的处理和分析更为便捷高效。例如，通过云计算，可以进行大规模的非遗数据分析，挖掘出非遗的内在规律和趋势，为非遗的保护与传承提供科学依据。

尽管云技术在非遗保护和传播中发挥了积极作用，但非遗的传承仍然需要人的直接参与和感知。在利用云技术推动非遗的数字化进程的同时，需要注重非遗的实质内容和精神内涵，尊重和维护非遗的文化多样性，鼓励更多的人参与非遗的保护与传承工作，以确保非遗的持续传播。

二、非遗数字化的应用

（一）非遗知识的普及教育

非遗知识的普及教育对于非遗的保护和传播具有重要的作用。非遗知识的普及教育，可以增强公众对非遗的了解和认识，从而增强其保护非遗的意识和能力。非遗数字化的应用，为非遗知识的普及教育提供了便利。

在学校、图书馆、博物馆等公共场所，非遗数字化的应用可以通过各种形式展示非遗内容，使公众更方便地接触和了解非遗。例如，通过电子展示板、互动屏幕等设备，观众可以直观地了解到丰富的非遗信息。其中，北京非遗博物馆的互动电子展示就是一个生动的例子，它通过先进的数字化技术，展示了各类非遗项目，使得访客可以直观地了解非遗项目的内涵和特色，加深了他们对非遗的认识和了解。

非遗数字化的应用还可以提供丰富的教学资源，支持非遗知识的教学活动。例如，教师可以利用数字化的非遗资料，设计生动有趣的课堂活动，帮助学生了解和体验非遗。同时，学生也可以通过互动屏幕等设备，自主地学习和探索非遗知识，提高他们的学习兴趣和动手能力。

虽然非遗数字化的应用为非遗知识的普及教育提供了方便，但还需要注重引导公众深入理解和体验非遗的内涵和精神，而不仅仅满足于表面的认知。这需要在非遗教育中，充分尊重和体现非遗的多样性和独特性，鼓励公众以积极的态度参与非遗的保护与传承活动，从而真正实现非遗的保护和传播。

（二）非遗项目的研究和挖掘

非遗的研究和挖掘是文化研究的重要组成部分，对于揭示非遗的深层内涵、发掘其历史价值，以及推动非遗保护工作具有重要意义。非遗数字化在这一过程中起到了较为重要的作用，它为学者提供了丰富的研究资料，大大方便了针对非遗项目的研究和挖掘。

数字化技术为非遗提供了丰富、真实、多元的数据资源，使得学者可以基于这些数据进行深度分析和研究。通过对非遗数字化资料的研究，学者可以揭示非遗的深层内涵，理解其历史变迁，探索其艺术特点，从而深入理解和评价非遗的价值。例如，广东音乐学院就利用数字化的广东音乐非遗资料，对广东音乐的历史演变、风格特征等进行了深入研究。

非遗数字化的应用提高了非遗研究的效率和效果。在数字化环境下，学者可以迅速获取所需的非遗资料，大大节省了研究时间。同时，他们还可以利用数据分析等技术，对非遗资料进行系统的分析和研究，挖掘出更多的非遗信息。

虽然非遗数字化提供了便利的研究工具，但需要认识到，非遗的研究和挖掘并非一个数据分析的过程，而是需要深入非遗的实质内涵和社会背景。因此，在利用非遗数字化资料进行研究的同时，也需要关注非遗的保护与传承实践，从而更好地理解和传承非遗。

（三）非遗项目的创新和发展

非遗作为一种文化遗产，承载了各个地区独特的历史、文化、艺术等多元属性。这些丰富的属性为现代设计和艺术创作提供了无尽的灵感和元素，能够丰富和扩充现代设计的艺术语言和表达方式。非遗数字化为设计师和艺术家提供了获取非遗元素的便捷途径，对于促进非遗项目的创新和发展具有重要作用。

在这个过程中，设计师和艺术家可以通过访问非遗数字化资料库，直观地了解和研究非遗项目的设计理念、工艺流程、艺术特征等，从而在他们的创作中吸取非遗的精髓，丰富自己的设计语言。例如，江苏南京云锦精美的图案和细腻的工艺在现代设计中有着广泛的应用。设计师通过访问云锦的数字化资料，了解其工艺流程和图案特点，然后在自己的设计中融入这些元素，创作出现代风格的云锦产品。

非遗项目的创新和发展是非遗保护工作的重要组成部分。非遗数字化，不仅可以保护与传承非遗项目，还可以推动非遗项目的创新和发展。非遗项目在现代设计和艺术创作中的应用，不仅可以让非遗从现代社会中得到新的生命，也能让更多的人接触和了解非遗，从而达到非遗的传播和普及。

非遗的创新和发展也需要遵循一定的原则。在创新中要尊重非遗的文化基因和文化内涵，不能割裂非遗与其历史和文化背景的联系。只有在尊重非遗的基础上，才能实现真正意义上的非遗创新和发展。

（四）非遗的传播和推广

非遗作为一种特殊的文化遗产，具有丰富的历史价值、艺术价值和文化价值，其传播和推广对于维护文化多样性、增强民族认同感和民族自信心具有重要意义。在现代社会，非遗数字化为非遗的传播和推广提供了新的可能性和空间，使得非遗能够超越地域、时间的限制，在更广的范围、更大的程度上得到传播和推广。

数字化技术的发展，使得非遗项目可以通过互联网、手机 APP 等新媒体渠道进行传播，大大扩大了非遗的传播范围和影响力。例如，中国非遗网上的资源，收录了全国各地的非遗项目，包括非遗的文字描述、图片、视频、音频等多种形式的数字内容。用户可以通过电脑或者手机等设备，随时随地访问这些数字化的非遗资源，了解非遗的历史背景、文化内涵、工艺特点等。

新媒体渠道的互动性，使得非遗的传播和推广不再是单向的传递，而是可以实现双向的互动和交流。用户在获取非遗信息的同时，也可以通过评论、分享等方式参与非遗的传播和推广，实现用户和非遗的深度交互。

非遗的传播和推广，不仅可以提高公众对非遗的了解和认识，也可以激发公众对非遗的热情和兴趣，从而更好地保护与传承非遗。然而，非遗的传播和推广也面临着一些挑战。例如，如何在传播和推广中尊重非遗的文化内涵，如何在互动中处理好公众的参与等，都是在非遗传播和推广中需要思考和探索的问题。

（五）非遗项目的保护与传承

非遗是人类文明的瑰宝，但由于其活动性、流动性、口头性等特点，使得非遗易受时间、环境变化等因素影响，面临丢失的风险。为此，非遗的保护与传承是全社会的共同责任。在现代社会，非遗数字化技术为非遗的保护与传承提供了新的手段和方法。

非遗数字化通过扫描、录像、录音等技术，将非遗项目的形态、声音、动作、过程等内容转化为数字信息，长期保存在电脑、服务器等设备中，从而有效地防止非遗的丢失。例如，青海的刺绣技艺，是一项具有高度工艺性和艺术性的非遗项目，其独特的制作流程和技巧，以及丰富的文化内涵，是非遗的重要组成部分。通过数字化的方式记录这一工艺，可以将刺绣技艺的制作流程、技巧、样式等内容详细、全面地保存下来，即使在技艺传承人缺乏的情况下，也可以保障这一技艺得以保存。

非遗数字化还为非遗的传承提供了新的可能。通过网络平台，公众可以方便地访问这些数字化的非遗资源，了解非遗项目的历史、文化、工艺等内容，进而对非遗产生兴趣和热情。例如，青海刺绣的制作视频可以通过网络平台进行分享，让更多的人了解这一技艺，激发他们对刺绣技艺学习和探索的兴趣，从而培养新的技艺传承人，推动非遗的传承。

非遗数字化也为非遗的保护与传承带来了一些新的挑战。例如，如何在数字化过程中尊重和保持非遗的原真性，如何处理好数字化与传统传承方式的关系，如何利用数字化技术推动非遗的创新和发展等，都是非遗保护与传承领域需要思考和探索的问题。

（六）非遗项目的国际化传播

在经济全球化背景下，非遗项目的国际化传播是文化交流的重要环节，非遗数字化在此过程中发挥着至关重要的作用。通过数字化处理，非遗项目的形态、音乐、表演等内容被转化为数字信息，可以方便地通过互联网进行传播。这既突破了非遗传播的地域限制，也突破了时间限制，使得全球的观众都能够了解和欣赏非遗。

以京剧为例，它是中国传统戏曲的代表，具有深厚的文化底蕴和艺术魅力。然而，京剧的表演形式、剧目内容等特点，使得京剧的传播和推广在一定程度上受到限制。而通过数字化处理，京剧的表演场景、演员表演、音乐伴奏等内容可以被精准地记录下来，通过网络平台向全球推广。观众不仅可以欣赏到京剧的视听表演，还可以了解到京剧的历史背景、艺术特点、文化内涵等信息。通过数字化传播，京剧的艺术魅力得到了全球性的展示，京剧的国际影响力也得到了提升。

非遗数字化还能够激发全球观众对非遗的兴趣，推动他们的参与和交流。例如，京剧数字化的推广不仅可以吸引观众的观看，还可以通过互动问答、在线评论等方式，让观众参与对京剧艺术的讨论和评价，促进全球范围内的文化交流。

非遗项目的国际化传播也面临着一些挑战。例如，如何在经济全球化背景下保持非遗的地方性和特色，如何处理好非遗的商业化和保护之间的关系，如何应对来自不同文化背景观众的多样化需求等。这需要非遗工作者、研究者、政策制定者共同思考和努力。

第三节 非遗数字化的案例分析

非遗数字化的案例分析，可以从以下六个方面展开论述，如图 4-2 所示。

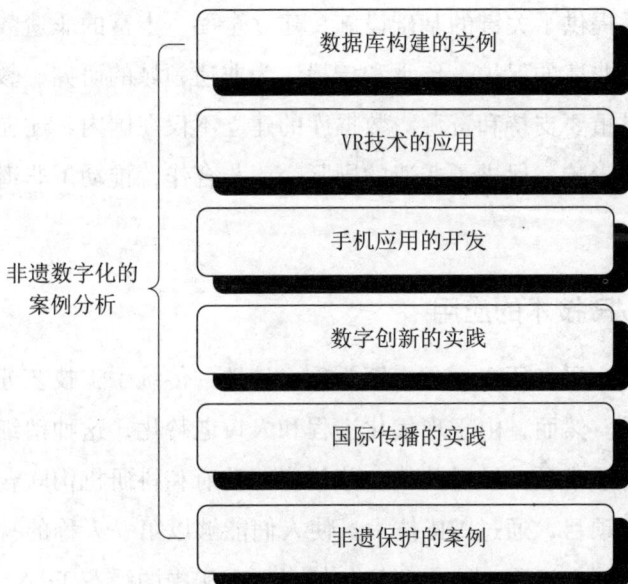

图 4-2 非遗数字化的案例分析

一、数据库构建的实例

一个有关数据库构建的实例是中国非遗数字博物馆。该博物馆通过建立一个庞大的数据库（清单与资源），整合了全国各地的非遗项目信息，包括非遗项目的类别、地理位置、传承人信息、保护单位等多个数据。通过这个数据库，人们可以深入了解和研究中国的非遗，促进非遗的保护与传承。

案例表明，数据库构建在非遗数字化过程中起着关键作用。通过建立丰富、全面的数据库，可以有效整合和存储非遗项目的信息，包括展览、图集、影音等多种形式的数据。这为非遗的研究、保护、传承和传播提供了基础资源，使得非遗得以数字化展示和推广。数据库的建立还促进了非遗领域的国际交流与合作，提供了便捷的平台，让全球范围内的非遗项目得以互相借鉴和学习，进一步促进了非遗的传承和发展。

数据库构建是非遗数字化的重要步骤，为非遗项目的整合、存储、研究和传播提供了关键的基础设施。建立全面、丰富的非遗数据库，可以有效促进非遗的保护、传承和传播，为非遗领域的研究、教育、产业等方面提供重要支持和资源。数据库的建立不仅在国内，还在国际上产生了积极的影响，促进了非遗的国际交流与合作，推动了非遗的全球传播与发展。

二、VR 技术的应用

以苏州市平江历史文化街区为例，该地的传统手工技艺苏绣已被列入非遗名录。然而，由于现代化进程和人口老龄化，这种精细的手工技艺面临着传承难题。最近几年，苏州当地政府和科研机构联合开发了一个虚拟现实项目，通过 VR 技术，使人们能够以第一人称的视角，亲身体验苏绣的创作过程。这个项目包括虚拟现实中的绣花工具、素材以及完整的苏绣创作过程，让用户在虚拟环境中学习和实践这门传统手艺。通过 VR 技术的运用，苏绣被赋予了新的生命力，吸引了年轻一代的参与，从而有效推动了非遗的传承和发展。

VR 技术还被应用于中国的传统建筑保护与展示。例如，古建筑的修复和保护过程可以通过 VR 技术进行模拟和演示，以便更好地理解其历史演变和文化背景。同时，通过 VR 技术，人们可以在虚拟空间中参观和探索古代建筑，体验其宏伟和独特之处。这种应用不仅丰富了传统建筑的展示形式，还提供了一种保护与传承传统建筑文化的新途径。这些案例表明，VR 技术在非遗传承和展示方面具有较大的潜力。通过 VR

技术，观众可以身临其境地体验非遗项目，增加了参与度和互动性，使非遗得以更好地传播和推广。VR 技术为非遗项目的保护与传承提供了新的手段和平台，也为观众提供了更丰富、更深入的非遗体验。随着技术的进一步发展，VR 技术有望在非遗领域发挥更大的作用，促进非遗的传承和创新。

三、手机应用的开发

手机应用的开发进一步增加了人们与信息的互动。其中，非遗方面的手机应用以数字体验、文化传播、商品交易为主要展示内容，可以让人们通过沉浸式的感官体验，去了解我国非遗项目的各种详细的信息。在我国大力弘扬中华优秀传统文化，加强非遗保护与传承的倡导下，大量有关非遗方面的手机应用软件被开发出来并不断进行更新与优化，让人们随时随地通过手机了解非遗的最新动态。例如，在戏曲观赏类 APP里，用户不仅可以听戏看戏，还能唱戏。用户可以选择自己喜爱的名家唱段学习并跟唱，还可以上传发布自己的音频与其他戏曲爱好者交流切磋，此过程将戏曲文化以寓教于乐、能动体验的方式进行传播。

由此可见，手机应用的开发为非遗的传播和推广提供了新的途径和平台。手机应用的开发不仅方便了用户的使用，也促进了非遗的数字化传播和市场化推广。随着智能手机的普及和技术的不断发展，手机应用在非遗领域的应用前景十分广阔。

四、数字创新的实践

数字创新的一个实践案例是木雕工艺的数字化设计和制作。木雕是中国非遗项目之一，具有丰富的文化内涵和独特的艺术风格。通过数字化技术，设计师可以在计算机上进行木雕图案的创作和修改，利用数控雕刻机等设备实现精确的木雕制作。这种数字化设计和制作的方法，不仅提高了木雕的生产效率和质量，还赋予了木雕作品更多的创新性和个性化。例如，通过数字化技术，设计师可以将传统的民间图案与现代元素相结合，创作出独特的艺术品，满足当代市场的需求。

另一个案例是非遗文创产品的在线定制和个性化设计。通过在线平台，消费者可以选择自己喜爱的非遗文创产品，如丝绸、陶瓷、刺绣等，然后根据自己的喜好进行个性化定制。消费者可以在图案、颜色、尺寸等方面进行定制，让产品更符合个人需求和品位。通过数字化的在线定制平台，消费者与设计师之间的交流和合作更加便捷，促进了非遗文创产品的市场推广和消费体验的提升。

这些案例表明，数字创新在非遗文创设计中发挥着重要的作用。数字化技术为传统非遗项目注入了新的创意和活力，促进了传统工艺与现代设计的融合和发展。通过数字化的设计、制作和定制，非遗得以更好地适应当代社会的需求和市场的变化。数字创新不仅提高了非遗文创产品的品质和竞争力，也为非遗的传承和发展注入了新的动力。

五、国际传播的实践

国际传播的一个实践案例是中国传统绘画的数字化推广。中国传统绘画具有悠久的历史和独特的艺术风格，是非遗的重要组成部分。通过数字化技术，中国传统绘画以高清晰度的图片和视频形式在网络平台上展示，使全球观众可以随时欣赏和学习。这种数字化传播方式不仅可以跨越时间和地域的限制，让更多的人了解和喜爱中国传统绘画，也为传统绘画艺术在国际舞台上的交流和合作提供了新的平台。例如，敦煌壁画数字化传播就利用高精度的数码扫描技术，将敦煌莫高窟中的壁画以数字形式保存并通过网络向全球观众展示，使得这一艺术得以永久保存并传播给更多人。

另一个案例是非遗的数字化展览。通过建立线上展览平台，非遗的精华可以通过虚拟展厅的形式展示给国际观众。观众可以通过网络浏览展览、欣赏艺术品、了解非遗的历史和背景。这种数字化的国际传播方式不仅为非遗赢得了更广泛的受众，也为国际观众提供了便利的途径来了解和体验非遗。例如，中国国家博物馆的非遗线上展览，利用虚拟展厅和多媒体技术，展示了中国非遗项目的丰富多样性和独特魅力，吸引了全球观众的关注和参与。

这些案例表明，数字化技术为非遗的国际传播提供了新的途径和平台。数字化传播方式的广泛应用使非遗跨越了时间和地域的限制，让全球观众可以随时随地了解和体验非遗的独特魅力。数字化的国际传播不仅促进了非遗的保护与传承，也增强了国际社会对非遗的认知和尊重，推动了不同文化之间的交流与合作。

六、非遗保护的案例

在当代社会的快速发展中，非遗的保护与传承面临着较大的挑战。尤其是那些需要繁杂的手工技巧和深厚文化底蕴的非遗项目。例如，青海的刺绣技艺，这项技艺具有深远的历史和独特的艺术价值，但在现代化进程中，传统的制作方法和技巧却面临着遗失的危险。针对这一问题，数字化技术的介入为非遗保护带来了新的可能性。

数字化保护是一种将非遗的形态、流程、技巧和内涵以数字方式记录和保存的方法。青海刺绣技艺的数字化保护，就是一个成功的例子。通过记录和保存刺绣流程和技巧的数字信息，不仅可以保护传统的刺绣技艺，还可以将其传承下去。这样，刺绣艺人的技艺就可以在数字化的形式下，得到广泛的传播和应用，而非仅仅局限于地域和人群。这种方式的有效性已经得到了确认，不仅实现了技艺的传承，还推动了刺绣技艺的现代化发展。

数字化保护并非一劳永逸。虽然它能有效地保存非遗，但也需要进行持续的维护和更新。技术的快速进步使得数字化工具和平台需要不断适应新的技术环境，以确保数据的可读性和可用性。同时，随着社会的变化，非遗也可能发生变异或演化，这就需要定期更新数字化数据，以反映非遗的最新状态。因此，数字化保护也是一个动态的、持续的过程，需要投入大量的资源和精力。

虽然数字化保护有着较大的潜力，但也不能忽视其局限性。数字化只能捕捉和保存非遗的表面特征，难以全面捕捉和传达非遗的精神内涵和文化价值。因此，数字化保护需要与其他保护方式结合。例如，开展非遗教育和培训，鼓励年轻一代接触和学习非遗，从而真正理解和传承非遗的精神和文化价值。未来，非遗保护将需要多元化的方法和视角，才能更好地应对现代社会的挑战。

第五章　非遗文创设计的教育
与人才培养

第一节　非遗文创设计教育的发展状况

非遗文创设计教育的发展状况，可以从以下六个方面展开论述，如图 5-1 所示。

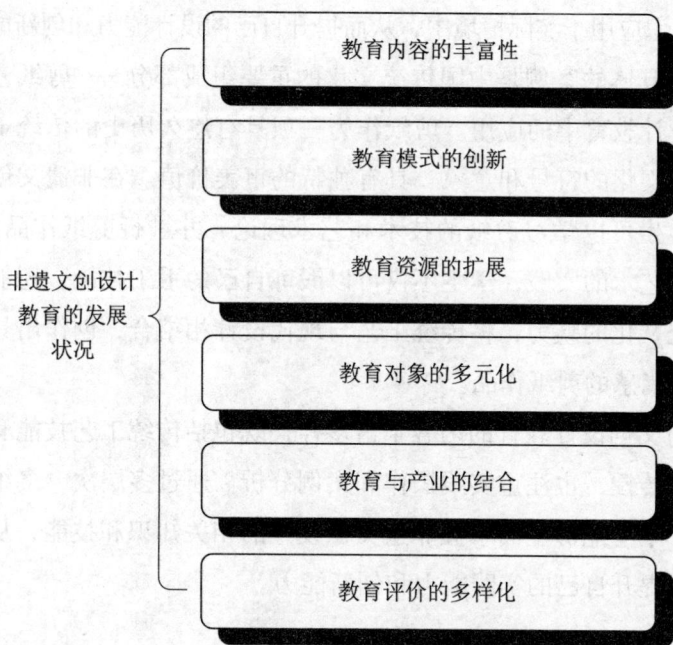

非遗文创设计教育的发展状况	教育内容的丰富性
	教育模式的创新
	教育资源的扩展
	教育对象的多元化
	教育与产业的结合
	教育评价的多样化

图 5-1　非遗文创设计教育的发展状况

一、教育内容的丰富性

非遗文创设计教育的丰富内容体现在多个层面。高校在课程设置上注重非遗的传统技艺和知识。例如，在传统工艺方面，学生可以学习传统的染色、织造、雕刻等技术，并了解不同非遗项目的制作工艺和特点。同时，艺术与设计理论也是教育内容中重要的一部分。学生可以学习设计原理、色彩学、构图和比例等基本概念，以及艺术与设计的历史和理论发展。

教育内容还包括案例分析和实践操作。通过分析经典的非遗文创设计案例，学生可以了解成功的设计思路和方法，并从中获得启发和借鉴。同时，实践操作是非遗文创设计教育中不可或缺的一部分。学生可以通过实践项目，参与设计和制作过程，锻炼实际操作能力和解决问题的能力。例如，学生可以参与非遗的展览设计、产品设计和品牌推广等实践项目，将理论知识应用于实际情境中，从而提升自己的设计能力和创新能力。

一个具体的案例是中国传统文化的重要组成部分——剪纸艺术在非遗文创设计教育中的应用。剪纸作为一项具有悠久历史的传统工艺，融合了中国文化的符号和意象，具有独特的审美价值。在非遗文创设计教育中，学生可以学习剪纸的技术和艺术理论，并进行剪纸作品的创作。通过剪纸艺术的实践，学生不仅可以锻炼自己的手工技能，还能够体验中国传统文化的魅力，将传统工艺与现代设计相结合，创作出具有非遗特色和时尚感的剪纸作品。

非遗文创设计教育的内容丰富多样，既包括传统工艺技能和艺术设计理论的传授，也注重实践操作和案例分析。通过多层次、多维度的教育内容，学生能够全面掌握非遗文创设计的相关知识和技能，从而在实践中不断提升自己的实践能力和创新能力。

二、教育模式的创新

非遗文创设计教育模式的创新是为了更好地适应学习者的需求和教学环境的变化。其中，在线教育是一种具有广泛影响力的教育模式。通过在线教育平台，学生可以随时随地获取非遗文创设计的学习资源和课程内容，与教师和其他学生进行互动和讨论。在线教育的优势在于其灵活性和便利性，学生可以根据自己的时间和节奏进行学习，从而提高学习的自主性和自律性。例如，利用在线教育平台开设非遗文创设计的课程，为全国的学生提供了便捷的学习途径，促进了非遗文创设计教育的普及化。

翻转课堂是另一种教育模式的创新。在翻转课堂中，学生在课堂前通过在线学习材料或视频等形式自主学习相关知识，然后在课堂上与教师和同学进行讨论和实践。这种教学模式倒转了传统教学中教师主导的教学过程，更加注重学生的主动参与，培养学生的实践能力。例如，非遗文创设计教育中的翻转课堂可以组织学生在课前通过在线学习平台学习非遗的基本知识和设计原理，然后在课堂上进行案例分析和设计实践，提高学生的实际操作能力和解决问题的能力。

项目式学习是另一种创新的教育模式。通过项目式学习，学生可以在真实的项目环境中进行合作和实践，完成具体的设计任务。这种学习方式注重学生的团队合作能力、解决问题的能力和创新思维的培养。例如，学生参与非遗文创设计的实践项目，在项目中，学生可以运用所学的非遗文创设计知识和技能，参与非遗产品的设计与制作、文化活动的策划与组织等，与团队成员协作，解决实际问题，提升自己的综合素养。

非遗文创设计教育模式的创新涵盖了在线教育、翻转课堂和项目式学习等多个方面。这些模式的应用使教育更加灵活、个性化和有效，帮助学生更好地掌握非遗文创设计的知识和技能，并培养其创新思维和实践能力。

三、教育资源的扩展

非遗文创设计教育资源的扩展对学习者的学习体验和学习成果具有积极影响。一方面，图书、教程和案例库等传统教育资源为学习者提供了丰富的知识和理论基础。例如，高校可以建立专业的图书馆，收集和整理相关的教材、学术著作和案例分析，为学生提供深入学习和研究非遗文创设计的资源。此外，高校还可以编制教程，系统地介绍非遗文创设计的原理、方法和技术，帮助学生建立起扎实的专业知识。

随着互联网技术的发展，在线平台成为非遗文创设计教育资源的重要组成部分。通过在线平台，学习者可以获得丰富多样的学习资料和学习工具。例如，高校可以建立自己的在线学习平台，提供教学视频、互动课程、学习社区等功能，使学生能够随时随地访问学习资源，与教师和其他学生进行互动交流。此外，在线平台还可以为学习者提供实践项目、设计竞赛等机会，使其积累实践经验、提升实践能力。

非遗文创设计教育资源的扩展包括传统教育资源的丰富和在线平台的建设。这些资源为学习者提供了丰富多样的学习材料和工具，促进了他们的自主学习和深入研究，提高了他们的学习效果和学习体验。

四、教育对象的多元化

非遗文创设计教育的多元化对象是其发展的重要特点。传统上，非遗文创设计教育主要面向设计专业的学生，通过培养他们的专业技能和创新能力，为非遗文创设计行业输送人才。然而，随着非遗的普及和社会对非遗文创设计的关注度增加，教育对象也得到了扩展。

非遗文创设计教育逐渐面向中小学阶段的学生。将非遗文创设计的理念和实践融入中小学的教育课程，可以使学生在早期接触到非遗，培养其对传统文化的兴趣和理解，促进其创新思维和创造力的培养。例如，山东省一些地区的中小学、高校已经将非遗文创设计纳入课程，通过教授非遗技艺、开展手工制作等活动，激发学生对非遗的兴趣和热爱。

非遗文创设计教育也面向成人学习者。在成人教育领域，非遗文创设计课程为感兴趣的成人学习者提供了学习机会。课程在学习者的工作和生活时间安排上更加灵活，能够满足他们对非遗的深入了解和学习需求。非遗文创设计的成人培训课程的开设，吸引了许多对非遗文化和设计感兴趣的成人学习者参与。

通过多元化的教育对象，非遗文创设计教育不仅能够为专业学生提供专业知识和技能培养，还能够将非遗的魅力传递给更广泛的群体。这不仅扩大了非遗的影响力，也促进了非遗文创设计的可持续发展。因此，高校和相关组织应进一步加强对不同教育对象的教育支持，为更多的人提供学习非遗文创设计的机会和平台。

五、教育与产业的结合

非遗文创设计教育与产业的结合，是为了培养学生的实践能力和推动非遗文创设计产业的发展。高校与相关产业合作，通过实习实训、项目合作、创业孵化等方式，将学生置身于真实的工作环境中，让他们与行业专业人士和企业密切接触，学习和应用专业知识和技能。

实习实训是非遗文创设计教育与产业结合的重要方式之一。学生可以在非遗文创设计企业或非遗传承机构进行实习，亲身参与项目的设计、制作和推广过程，从实践中学习并提升自己的实践能力和行业素养。例如，高校与当地的非遗传承机构合作，为学生提供非遗文创设计实习机会，让他们深入了解非遗技艺的传承和应用。

项目合作也是教育与产业结合的重要形式之一。高校与非遗文创设计企业合作开展项目，让学生通过与企业合作完成实际设计任务，从而获得实践经验和提高项目管理能力。例如，山东管理学院的手工艺艺术研究所与设计公司合作开展非遗文创设计项目，让学生通过参与项目，探索非遗的创新应用和市场推广。

创业孵化也是教育与产业结合的一种形式。高校为有创业意向的学生提供创业孵化平台和资源支持，帮助他们将非遗文创设计的创意转化为商业项目。通过创业孵化，学生可以将所学的非遗文创设计知识与实际创业经验相结合，培养创新创业能力，推动非遗文创设计产业的发展。例如，一些高校设立了非遗文创创业孵化基地，为学生提供了创业培训、项目孵化和投资支持，以帮助他们实现非遗文创的创业梦想。

非遗文创设计教育与产业的结合是为了培养学生的实践能力和推动非遗文创设计产业的发展。通过实习实训、项目合作和创业孵化等形式，学生能够在实践中学习和应用专业知识和技能，同时促进了非遗文创设计产业的创新与发展。这种紧密的教育与产业的结合有助于培养具备实践能力和创新创业精神的非遗文创设计人才，为非遗的传承和发展作出积极贡献。

六、教育评价的多样化

在非遗文创设计教育中，教育评价正朝着多样化的方向发展，以更全面地反映学生的学习成效。传统的考试成绩评价方式无法充分评估学生的创造力、实践能力和团队合作能力等素养，因此引入多元化的评价方式更具有实践意义。

一种多样化的评价方式是作品评价。对学生完成的设计作品进行评价，可以评估学生在创意、设计技巧、材料运用和表现形式等方面的能力。这种评价方式注重学生的实际操作能力和创新思维。例如，山东管理学院非遗传承与数字文创课程需要学生完成一件非遗主题的设计作品，并就作品的创意性、表现力和技术运用等方面进行评价。

另一种多元化的评价方式是实践表现评价。非遗文创设计注重实践能力的培养，因此评价学生的实践表现是必不可少的。高校可以通过实际项目的参与和实践活动的表现来评价学生的实践能力、解决问题的能力和应对挑战的能力。例如，学生参与了某非遗文创设计竞赛项目，评价标准不仅包括作品的创新性和艺术性，还包括学生在项目中的角色表现、团队合作和项目管理等方面的评价。

团队合作评价也是多样化评价的一种形式。在非遗文创设计教育中，团队合作是非常重要的能力培养方面。对学生在团队合作中的角色扮演、合作能力、沟通协调等方面进行评价，可以评估学生在团队合作中的表现和能力发展。例如，山东管理学院非遗传承与数字文创课程要求学生分组合作完成一个设计项目，并对学生进行评价，其对学生的评价不仅包括作品的质量，还包括团队成员的贡献、协作和沟通等方面。

非遗文创设计教育中的评价方式正朝着多样化的方向发展，包括作品评价、实践表现评价和团队合作评价等。这些评价方式能够更全面地反映学生的学习成效和能力发展，促进学生的综合素养的培养。通过多样化的评价方式，非遗文创设计教育可以更好地满足学生的学习需求，并推动行业的创新和发展。

第二节　非遗文创设计教育的改革

非遗文创设计教育的改革，可以从以下六个方面展开论述，如图5-2所示。

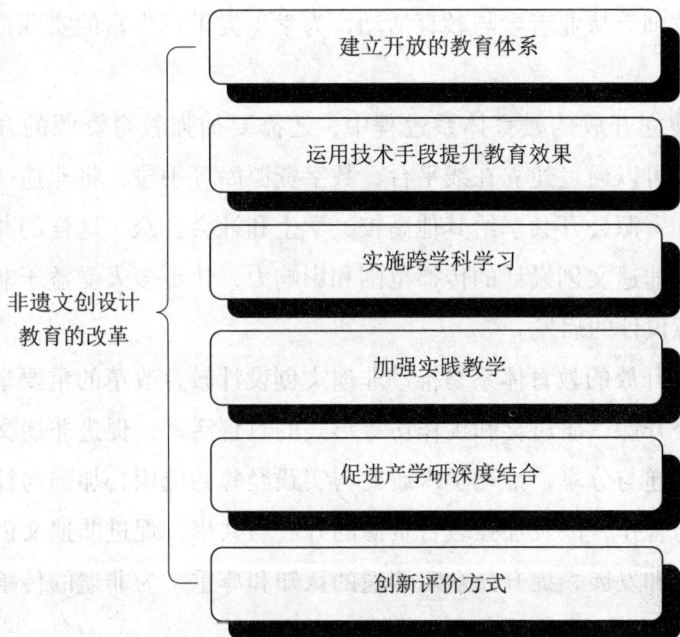

非遗文创设计
教育的改革

- 建立开放的教育体系
- 运用技术手段提升教育效果
- 实施跨学科学习
- 加强实践教学
- 促进产学研深度结合
- 创新评价方式

图 5-2　非遗文创设计教育的改革

一、建立开放的教育体系

建立开放的教育体系是推动非遗文创设计教育改革的重要策略。传统的教育模式强调学校内部的教学和知识传授，而开放的教育体系则强调与社会和公众的互动与合作，通过开设公开课、研讨会和工作坊等形式的教育活动，将非遗文创设计的知识和经验传递给更广泛的公众群体，使他们有机会了解非遗的价值和创意设计的魅力。这种开放的教育模式可以提高公众对非遗的认知和尊重，推动非遗的传承与创新。

开放的教育体系还能促进非遗文创设计与社会各界的交流与合作。高校可以与非遗传承机构、文化组织、行业企业等合作，共同开展项目研究、实践活动和社区服务等。通过与社会各界的合作，高校可以将实践经验与实际需求相结合，培养学生的创新能力和实践能力，推动非遗文化的转化与应用。此外，开放的教育体系还可以吸引行业专业人士和非遗工艺师等从业者参与教育活动，为学生提供更丰富的实践指导和行业导向。

在建立开放的教育体系过程中，还需要加强教育资源的开放与共享。高校可以通过建立在线平台、数字资源库等手段，将非遗文创设计的知识和资源公开共享给其他高校、学生和社会公众。这样的共享机制可以扩大非遗文创设计的传播范围和影响力，让更多人受益于非遗的价值和创意设计的启发。

建立开放的教育体系是推动非遗文创设计教育改革的重要举措。通过开展公开课、研讨会和工作坊等形式的教育活动，促进非遗文创设计知识的传递与分享，推动学术研究与实践经验的应用，加强与社会各界的交流与合作，以及加强教育资源的开放与共享，促进非遗文创设计教育的创新和发展，提升公众对非遗的认知和尊重，为非遗的传承和创新注入新的活力。

二、运用技术手段提升教育效果

在非遗文创设计教育改革中，运用技术手段可以有效提升教育效果。其中，数字化技术的应用具有重要意义。AR 和 VR 等技术能够为学习者创造身临其境的非遗体验，通过模拟非遗场景和工艺技艺的展示，激发学习者的兴趣和参与度，增强对非遗的认知和理解。

线上教育平台的运用也是一种有效的技术手段。线上教育平台通过网络技术和在线教学工具，突破了时空限制，实现了教育资源的共享和教学内容的普及。通过线上教育平台，学习者可以随时随地进行学习，充分利用自己的时间。线上教育平台还可以提供多样化的学习资源，如在线课程、教学视频、学习资料等，为学习者提供更加灵活和个性化的学习方式。

技术手段的运用在非遗文创设计教育中，有助于提升学习者的学习动力和学习效果。通过数字化技术的应用，学习者可以更加直观地感知和体验非遗，激发学习兴趣，加深对非遗的理解。线上教育平台的运用则使得教育资源得到了更广泛的传播和利用，学习者则可以根据自身需求进行自主学习，并获得更加灵活和个性化的学习体验。

在运用技术手段提升教育效果的过程中，也需要关注一些问题。

首先，技术应用需要与教学内容和教学目标相结合，不能仅仅追求技术的创新而忽略教育的本质。其次，教师在技术应用中的角色和能力也需要得到重视。他们需要具备相应的技术知识和教学能力，能够将技术手段融入教学实践，最大限度地发挥其教育价值。此外，技术手段的应用也需要关注隐私和安全等问题，确保学习者的权益和信息安全。

运用技术手段提升非遗文创设计教育效果是一个重要的发展方向。数字化技术的应用可以提供身临其境的非遗体验，激发学习者的学习兴趣和参与度。线上教育平台的运用则突破了时空限制，提供了灵活和个性化的学习方式。然而，在应用技术手段的过程中，需注意教育与技术的有机结合，教师的角色和能力的培养，以及信息安全等问题，以确保教育效果的最大化和学习者的权益保障。

三、实施跨学科学习

在非遗文创设计教育改革中，实施跨学科学习是一项重要的举措。非遗文创设计涵盖了多个学科领域，包括文学、法学、历史学、艺术学等。传统的学科划分常常将这些领域分割开来，限制了学生对非遗的综合理解和创新能力的培养。因此，教育改革需要打破学科壁垒，实施跨学科的教学方式，以促进学生对非遗的多元化元素的交织和互动的深入理解。

跨学科学习可以通过整合不同学科的知识和理论，为学生提供更全面和综合的学习体验。学生可以通过学习不同学科的知识和理论，探索非遗与文学、法学、历史学、艺术学等领域的关联和互动。例如，学生可以学习艺术和设计理论，了解非遗艺术形式的表现方式和审美特点；可以学习历史学和社会学等学科，了解非遗的历史渊源和社会背景。通过跨学科学习，学生可以深入探索非遗的复杂性和丰富性，培养综合思考和跨学科应用的能力。

跨学科学习还可以促进学生的创新能力和创造性思维的培养。通过跨学科的学习和实践，学生可以将不同学科的知识和技能融合在一起，形成新的思维模式和创新思维的能力。例如，学生可以将设计和艺术的创新思维应用于非遗的传承与创新中，探索新的设计理念和表达方式。跨学科学习还可以培养学生的问题解决能力和批判性思维，使他们能够面对复杂的非遗问题，提出创新的解决方案。

在实施跨学科学习时也面临一些问题和挑战。

首先，跨学科学习需要教师具备跨学科知识和教学能力，能够整合不同学科的内容和方法，为学生提供有效的学习指导。其次，学校需要提供相应的资源和支持，包括跨学科教材、教学设施和学术交流平台等，以促进跨学科学习的开展。此外，评估跨学科学习的成效也是一个挑战，需要设计相应的评估体系和标准，全面评估学生在跨学科学习中的综合能力和成果。

实施跨学科学习是非遗文创设计教育改革中的重要举措。通过跨学科学习，学生可以获得更全面和综合的非遗学习体验，培养综合思考和跨学科应用的能力，促进创新和创造性思维的发展。然而，实施跨学科学习也面临一些挑战，需要教师和高校的支持和努力，以确保跨学科学习的有效实施和学生综合能力的培养。

四、加强实践教学

加强实践教学是非遗文创设计教育改革的关键策略之一。通过实践教学，学生可以在真实的设计环境中进行创作和实践，将所学的理论知识应用于实际的设计项目中。实践教学可以帮助学生掌握实际操作技能，提高他们的创新能力和问题解决能力，以及团队合作和沟通能力。

实践教学的重要性体现在以下几个方面。

首先，实践教学能够提供学生与实际工作环境接触的机会，使他们能够更好地理解和适应设计行业的要求和挑战。通过参与真实的设计项目，学生能够面对实际的问题和限制，从中学习并提升自己的设计能力。

其次，实践教学能够培养学生的创造性思维和创新能力。在实践过程中，学生需要运用所学的知识和技能，提出独特的创意和解决方案。通过不断的实践和反思，学生可以培养出敏锐的观察力、创新思维和灵活性，从而在设计中展现出独特的风格和创造力。

最后，实践教学还可以促进学生的问题解决能力和团队合作能力的培养。在实践项目中，学生常常需要面对各种困难和挑战，需要通过分析、解决问题，培养解决复杂问题的能力。同时，实践项目通常需要学生与团队合作，与其他成员共同完成设计任务，从而培养学生的团队合作和沟通能力。

为了有效加强实践教学，高校可以与行业合作，为学生提供参与真实项目的机会。通过与行业合作，学生可以获得专业人士指导和反馈，加深对行业实际需求的理解。此外，高校还可以建立实验室和工作室等实践场所，为学生提供进行实践和创作的空间和设备。

加强实践教学是非遗文创设计教育改革的重要策略。通过实践教学，学生可以获得实际设计经验，培养问题解决能力和创新能力，并提高团队合作和沟通能力。高校和行业合作是实践教学的重要手段，为学生提供真实项目参与和专业指导，使他们能够更好地适应和发展非遗文创设计领域。

五、促进产学研深度结合

促进产学研深度结合是非遗文创设计教育改革的重要方向。通过与产业界和研究机构的合作，非遗文创设计教育可以促进理论与实践的结合，推动非遗文创设计的研究与产业发展。产学研一体化的模式可以为学生提供更多实践机会，增强他们的实际操作能力和创新意识，同时将学术研究成果与实际应用相结合，推动非遗文创设计产业的发展。

产学研深度结合可以为学生提供与实际产业环境接触的机会。与产业界的合作可以让学生了解行业的需求和趋势，学习实际应用的知识和技能。通过与产业界的合作项目，学生能够在实际工作中应用所学的理论知识，了解并适应行业的要求，为未来的职业发展做好准备。

产学研结合可以促进非遗文创设计的研究和创新。与研究机构的合作，可以为学生提供参与研究项目的机会，培养他们的研究能力和创新意识。研究机构通常具有先进的设备和专业的研究团队，学生可以与研究人员共同参与科研项目并进行深入的研究和探索，推动非遗文创设计领域的创新发展。

产学研结合可以促进知识和技术的交流与共享。学术界的研究成果和产业界的实践经验可以相互借鉴和补充，促进知识和技术的创新与应用。通过产学研合作，学生可以接触到最新的研究成果和实践经验，拓宽视野，加深对非遗文创设计领域的理解和认知。

产学研结合还可以为学生提供就业和创业的机会。非遗文创设计教育与产业界的合作可以为学生提供实习和就业的机会，使他们更好地了解行业的就业需求和发展前景。同时，学生还可以通过与研究机构的合作，进行创业项目的孵化和支持，将自己的创意和研究成果转化为实际的产品和服务，推动非遗文创设计产业的创新和发展。

促进产学研深度结合是非遗文创设计教育改革的重要方向。非遗文创设计教育通过与产业界和研究机构的合作，可以为学生提供实践机会、促进研究创新、促进知识和技术的交流与共享，并为学生的就业和创业提供支持。这种合作模式将学术研究与实践应用相结合，可以推动非遗文创设计产业的发展，培养具有创新能力和实践经验的非遗文创设计人才。

六、创新评价方式

在非遗文创设计教育改革中，创新评价方式是为了更全面准确地评估学生的学习效果。传统的成绩评价方式主要侧重于学生的理论知识掌握和考试成绩，但这并不能完全反映学生在非遗文创设计领域的实际能力和创造性思维。因此，创新的评价方式应该强调对学生的实践作品和实践表现的评价，并实施多元化的评价方式，以全面评估学生的学习成效。

对学生的实践作品进行评价是非常重要的。非遗文创设计的特点是强调实践和创新，因此评价体系应该注重对学生实际作品的评价。这可以包括学生的设计作品、实际项目成果、展览作品等，通过对作品的审美、创新性、技术运用等方面的评估，来评价学生在实践中的表现和成果。

评价学生的实践表现也是非常重要的。实践表现包括学生在项目实施过程中的团队合作能力、解决问题的能力、创新思维和实际操作能力等方面的表现。可以通过观察学生以上几方面表现来评价学生在实践中的能力和素养。

多元化的评价方式也是创新评价的重要内容。多元化的评价方式包括学生自评、同行评价、导师评价、行业专家评价等。自我评价可以促进学生反思自己的学习过程和成果，同行评价可以促进学生之间的合作和学习互动，导师和行业专家的评价可以提供专业的指导和建议。这样的评价方式可以更全面地了解学生的学习情况和发展潜力。

创新评价方式是非遗文创设计教育改革的重要组成部分。通过对学生实践作品和实践表现的评价，以及实施多元化的评价方式，可以更准确地评估学生在非遗文创设计领域的能力和潜力。这样的评价方式能够促进学生的全面发展和创新能力的培养，进一步推动非遗文创设计教育的质量提升。

以上六个方面是非遗文创设计教育改革的重要内容。其中，强调全社会的开放性、注重技术手段的运用、实施跨学科学习、加强实践教学、促进产学研深度结合，以及创新评价方式，都是推动非遗文创设计教育改革、实现教育的现代化的重要途径。

第三节　非遗文创设计人才培养的模式和方法

一、非遗文创设计人才培养的模式

非遗文创设计人才培养的模式是非遗产业化可持续发展的重要组成部分。为了培养具有创新能力和实践经验的非遗文创设计人才，需要建立一套系统且综合的培养模式。接下来从以下五个方面来论述这一模式，如图 5-3 所示。

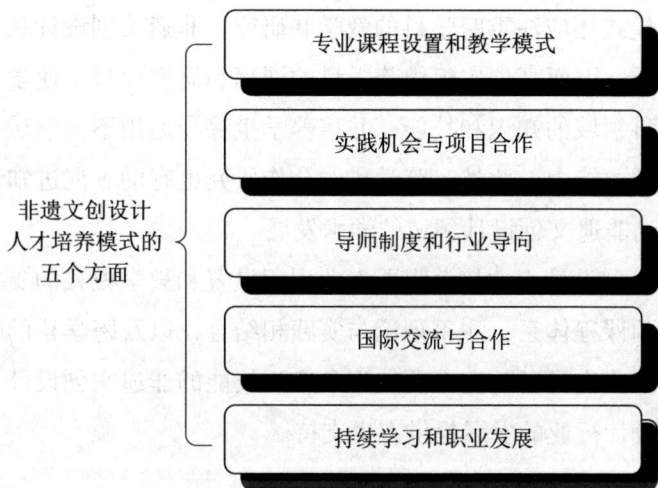

图 5-3　非遗文创设计人才培养模式的五个方面

（一）专业课程设置和教学模式

为了培养非遗文创设计人才，专业课程设置和教学模式是至关重要的。

首先，高校应设计专业的课程体系，涵盖传统工艺技能、艺术设计理论、市场营销等多个方面的内容。传统工艺技能的课程应注重非遗的传承和技艺的实践，使学生能够熟悉和掌握非遗工艺的核心技术和工艺过程。艺术设计理论的课程应培养学生对艺术和设计的理论基础和批判性思维，以提升他们的审美意识和设计思维能力。市场营销的课程则帮助学生了解市场需求和消费者行为，培养市场策划和品牌管理的能力。

教学模式应注重理论与实践相结合。传统工艺技能的教学应注重实际操作和技艺传承的体验，通过学习实践中的挑战和问题，培养学生的实践能力和解决问题的能力。艺术设计理论的教学可以通过案例分析和批判性思考，引导学生深入探索艺术设计理论背后的意义和价值。市场营销的教学可以结合实际市场案例和项目实践，让学生了解市场运作的实际情况，并培养市场分析和营销策略的能力。

教学模式还应注重跨学科的教学和研究。非遗文创设计领域涉及多个学科领域，因而高校应组织跨学科的课程和研究项目，使学生能够获得多个学科领域的知识和技能，并培养学生综合运用不同领域知识和技能解决问题的能力。此外，跨学科的合作研究也有助于促进知识交流和创新，推动非遗文创设计领域的学术发展。

非遗文创设计人才培养需要专业课程设置和教学模式的支持。通过设计专业的课程体系，注重理论与实践相结合，以及跨学科的教学和研究，可以培养出具备扎实专业知识和广泛技能的非遗文创设计人才，为非遗文创设计行业的发展提供有力支持。

（二）实践机会与项目合作

为了培养非遗文创设计人才，提供实践机会和项目合作是至关重要的。通过与非遗文创设计企业、非遗传承机构等合作，高校可以为学生提供参与实际项目的机会。学生可以在真实的工作环境中学习和实践，与专业人士合作，了解行业的需求和要求。这样的实践机会可以帮助学生将课堂学习与实际应用相结合，提升他们的实际操作能力和解决问题的能力。

项目合作也是培养非遗文创设计人才的重要途径。高校可以与非遗文创设计企业、非遗传承机构合作，共同开展研究项目或创作项目。学生可以参与这些项目，与专业人士共同合作，从中获得宝贵的经验和指导。同时，项目合作可以帮助学生深入了解非遗的特点和价值，培养他们的创新能力和团队合作能力。

高校还可以组织学生参加比赛、展览和艺术活动等，提供更多的实践机会。学生可以通过参与比赛展示自己的才华和创意，与其他学生交流和竞争，拓宽视野和经验。学生参加展览和艺术活动可以与行业专业人士和观众进行互动，获取反馈和建议，进一步提高自身的创作水平和专业能力。

提供实践机会和项目合作是培养非遗文创设计人才的重要途径，比赛、展览和艺术活动等也为学生提供了更多的实践机会，高校应积极提供这些实践机会，以培养出优秀的非遗文创设计人才，推动行业的发展。

（三）导师制度和行业导向

导师制度和行业导向是非遗文创设计人才培养的重要策略。导师制度通过邀请行业专业人士和资深设计师担任学生的导师，提供学术和职业指导。导师具有丰富的实践经验和专业知识，可以指导学生的学习和创作，帮助他们发展个人风格和创新能力。导师与学生之间的互动有助于学生的成长和专业发展。

高校应与行业保持紧密联系，了解行业的发展趋势和需求。这样可以使教学内容与行业要求相结合，培养与市场接轨的非遗文创设计人才。高校可以通过与行业举办联合研讨会、行业讲座和实习项目等形式，促进学生与行业的交流和互动。这种行业导向的培养模式可以使学生更加了解行业的实际情况，提前适应行业要求，增强就业竞争力。

行业导向还可以通过建立实习和实践机会的渠道来实现。高校可以与非遗文创设计企业、非遗传承机构等合作，为学生提供参与实际项目和行业实践的机会。这样的实践经历可以使学生更好地了解行业运作、产品开发和市场需求，培养他们的实际操作能力和团队合作能力。此外，学生还可以借助实习机会建立行业关系网，为将来就业做好准备。

以上策略的实施可以为非遗文创设计人才的培养提供全面的支持，使他们更好地适应行业要求并取得成功。

（四）国际交流与合作

国际交流与合作在非遗文创设计人才培养中具有重要意义。通过国际交流项目，学生可以与国外高校、设计机构和文化组织进行合作，参与国际设计竞赛、展览和研讨会等活动。这种跨国合作可以为学生提供与不同文化背景下的设计师和专业人士交流的机会，拓宽他们的视野，加深他们对国际设计趋势和创新方式的了解。通过与国际设计界的接触和交流，学生可以提升国际化视野和跨文化交流能力，为将来在国际舞台上的发展打下坚实基础。

国际交流与合作还可以促进知识的共享与合作研究。通过与国外高校和研究机构的合作，高校可以促进学术研究和创新成果的共享。合作研究项目可以促进学术界和产业界之间的互动，推动创新思维和设计实践的发展。此外，国际合作还可以为学生提供参与跨国团队合作的机会，培养他们的团队合作和项目管理能力。

国际交流与合作还有助于吸引国际优秀人才来到本国进行非遗文创设计的学习和工作。通过与国外高校和机构的合作，高校可以吸引国际优秀学生和研究人员来到本国进行学习和研究，进一步推动非遗文创设计领域的发展。国际人才的引进和培养有助于丰富学生的学习环境，促进文化多样性和创新力的交流。

国际交流与合作还可以促进非遗文创设计产业的国际化发展。与国外设计机构和文化组织的合作，可以拓展非遗文创设计产品的国际市场。国际合作可以帮助企业了解国际市场需求和趋势，开拓国际销售渠道，提高产品的国际竞争力。同时，国际合作还可以促进非遗的传播和推广，让更多国际消费者了解和认可非遗的价值与魅力。

以上策略的实施将为非遗文创设计人才的培养提供广阔的发展平台，推动非遗的传承与创新。

（五）持续学习和职业发展

持续学习和职业发展是非遗文创设计人才培养的重要方面。高校应提供继续深造的机会，如硕士研究生和博士研究生课程，以满足学生在专业领域深入研究和实践的需求。这些研究生课程可以为学生提供更深入的专业知识和研究方法，培养他们的创新思维和研究能力，为非遗文创设计领域的发展作出贡献。

建立职业指导和就业服务体系对于学生的职业发展至关重要。高校可以提供职业指导课程和就业辅导，帮助学生规划职业发展路径，了解行业动态和就业趋势。此外，高校可以与行业、企业合作，提供实习机会和校企合作项目，为学生提供与行业接轨的实践经验，增强他们的职业竞争力和就业机会。

高校还可以组织行业讲座、职业培训和行业交流活动，为学生提供与专业人士和行业领导者互动的机会。这样的活动可以帮助学生了解行业最新趋势和发展方向，拓展专业网络，为未来职业发展提供宝贵的资源和机会。

高校还应鼓励学生积极参与行业竞赛、展览和学术研讨会等活动。这些活动可以帮助学生展示自己的创作成果和专业能力，开阔视野。同时，参与行业活动也可以促进学生与业内专业人士的交流，获取宝贵的反馈和建议，进一步提升自身的设计水平和职业素养。

通过以上五个方面，可以构建一个全面的非遗文创设计人才培养模式。这一模式通过专业课程设置和教学模式、实践机会与项目合作、导师制度和行业导向、国际交流与合作，以及持续学习和职业发展，为非遗文创设计人才的培养提供了多方面的支持和机会，促进其在行业中的创新能力和竞争力的提升，进一步推动非遗文创设计产业的可持续发展。

二、非遗文创设计人才培养的方法

非遗文创设计人才培养是一种将传统文化知识、技能与现代设计理念相结合的培养模式。非遗文创设计人才培养的主要方法如下：

（一）增强传统文化意识

在非遗文创设计人才培养过程中，应先增强学生的传统文化意识，通过学习和研究各种传统文化和非遗项目，使学生理解并尊重传统文化，充分认识到传统文化在现代设计中的价值。例如，山东管理学院艺术学院就开设了诸如"非遗项目传承""文创产品开发与制作"等课程，让学生深入了解并热爱传统文化。

（二）强化实践教学

强化实践教学是非遗文创设计人才培养的重要方法，让学生通过实际操作，学习和掌握传统技艺，理解其内在的工艺原理和设计思想。例如，广州美术学院的陶瓷艺术设计专业，让学生亲身参与瓷器的制作，了解和掌握陶瓷工艺。

（三）学习现代设计理念

现代设计理念是非遗文创设计的重要组成部分。在培养过程中，要让学生理解和掌握现代设计的基本原则和方法，学习如何将传统文化元素和现代设计理念相结合。比如，北京服装学院的服装设计专业，强调服装设计应注重人的生理和心理需求，而不仅仅是追求形式的美。

（四）强调跨学科交叉融合

非遗文创设计人才培养应强调跨学科交叉融合。设计者不仅需要具备艺术和设计的专业知识，还需要具备历史、社会、人类学等多元视角，从多个角度深入解读传统文化。比如，浙江大学的非物质文化遗产研究中心，就鼓励来自不同专业背景的学生共同研究和创作。

（五）增强交流与合作

与其他国家和地区的学校和机构进行交流与合作，可以让学生从国际视野中学习和借鉴优秀的教育和设计理念，开阔视野，增强其设计能力。例如，同济大学设计创意学院，每年都会邀请国内外的优秀设计师、学者来校进行学术交流，也会派学生到国外进行学术访问和实习。

（六）注重创新思维培养

非遗文创设计是一种充满创新的设计方式，因此在人才培养过程中，必须注重培养学生的创新思维，鼓励他们敢于挑战传统，勇于创新。例如，上海视觉艺术学院在学生的设计过程中，鼓励他们在尊重传统的基础上，大胆创新，打破常规，创造出既有传统韵味，又符合现代审美的设计作品。

以上六个方面构成了非遗文创设计人才培养的主要方法。这种培养模式，既注重传统文化的传承，也强调现代设计理念的融入，更强调了实践操作和创新思维的培养。这无疑为非遗文创设计行业培养了一批具有专业素养和创新能力的优秀人才，对于推动非遗文创设计行业的发展具有重要意义。

第六章 非遗文创设计的市场 分析与产业化发展

第一节　非遗文创设计市场的发展状况和趋势

一、非遗文创设计市场的发展状况

非遗文创设计市场的发展状况，可以从以下六个方面展开论述，如图 6-1 所示。

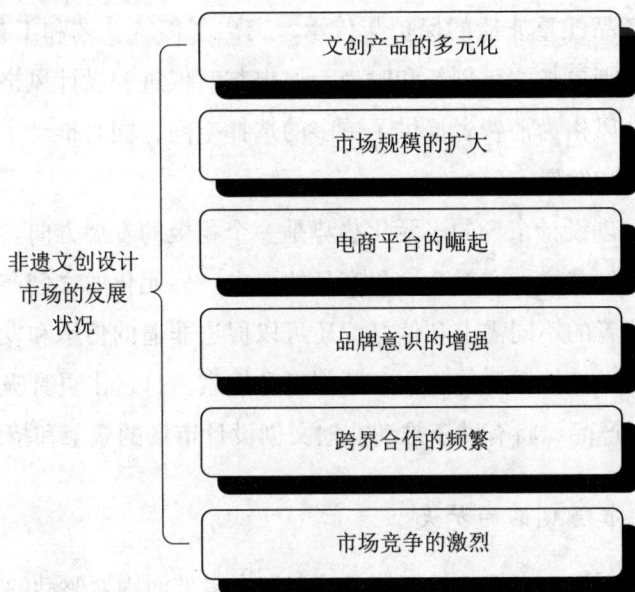

图 6-1　非遗文创设计市场的发展状况

（一）文创产品的多元化

随着非遗文创设计市场的发展，文创产品呈现出多元化的趋势。这种多元化体现在产品类型、材料选择、设计风格等方面。

非遗文创产品的类型日益丰富，包括但不限于手工艺品、家居用品、服装配饰、数码产品等。这种多元化满足了消费者对不同类型产品的需求，使得非遗文创设计产业更加具有吸引力和竞争力。

非遗文创产品的材料选择也变得更加多元化。传统的非遗材料（如丝绸、陶瓷、漆器等）仍然受到重视，但同时融入了现代材料和技术，如金属、塑料、3D打印等，创造出了更具现代感和时尚性的产品。这种多元化的材料选择使得非遗文创产品在外观和功能上更加多样化，满足了不同消费者的个性化需求。

非遗文创产品的设计风格也呈现出多元化的特点。传统的非遗元素与现代设计元素相融合，使非遗文创产品形成了独特的风格和表达方式。一些产品注重非遗的保护与传承，突出了传统技艺和工艺的精湛；另一些产品则更加注重创新和时尚，追求与时俱进的设计风格。这种多元化的设计风格为消费者提供了更多的选择空间，同时推动了非遗文创设计的创新和发展。

非遗文创设计市场的多元化趋势是一个积极的发展方向。它反映了消费者需求的多样性和对个性化产品的追求。多元化的文创产品不仅能够满足消费者的不同需求和偏好，还可以促进非遗的传承和发展。对于从业者来说，把握市场趋势，不断创新和探索，打造出更具吸引力和竞争力的文创产品，将有助于推动非遗文创设计市场的繁荣和持续发展。

（二）市场规模的扩大

非遗文创设计市场的规模持续扩大是由多方面因素驱动的。

消费者因对传统文化重视而增加了对非遗的兴趣。传统文化代表着中国传统的智慧和精髓，具有独特的历史价值和文化价值。在现代社会中，人们对传统文化的认同和需求愈发强烈，这促使了非遗文创设计市场的扩大。

创新设计的需求也推动了非遗文创设计市场的扩展。传统的非遗元素通过创新设计和融合现代元素，得到了新的诠释和呈现，使非遗更具吸引力和时尚性。消费者越来越注重产品的独特性和创新性，对于带有非遗元素的设计产品表现出了浓厚的兴趣。

政府的支持和推动也是非遗文创设计市场扩大的重要因素。政府在非遗保护与传承方面投入了大量的资源，给予了政策支持，通过组织展览、举办文化活动等方式提升了非遗的知名度和影响力。政府的支持和推动为非遗文创设计市场创造了有利的发展环境，吸引了更多的投资和参与者。

互联网和电子商务的普及也为非遗文创设计市场的扩大提供了便利。互联网的快速发展和电子商务平台的兴起使得非遗文创产品能够迅速触达全球消费者，拓展了销售渠道和市场范围。消费者通过线上购物的方式可以方便地购买到各类非遗文创产品，进一步推动了市场规模的扩大。

消费者、政府、互联网和电子商务等多方面因素共同推动了非遗文创设计市场规模的扩大。在如此发展趋势下，非遗文创设计行业将迎来更多的机遇和挑战，需要不断创新和提升自身的竞争力，以满足不断变化的消费者需求，并为非遗的传承和发展作出贡献。

（三）电商平台的崛起

电商平台的崛起对非遗文创设计市场产生了深远的影响。电商平台为非遗文创设计产品提供了更广阔的市场。传统的销售渠道通常受到地理位置和场地限制，而电商平台通过互联网的无界限性，能够将非遗文创设计产品直接推送给全球范围的消费者。这为非遗文创设计品牌打开了新的销售渠道，扩大了产品的受众群体。

电商平台提供了便捷的购物体验。消费者可以通过电商平台轻松搜索、浏览和比较不同品牌和款式的非遗文创设计产品，从而更好地满足个人的购物需求。电商平台的评价和评论功能，提供了更多的参考信息，让消费者可以了解其他用户对产品的评价和使用体验。

电商平台还为非遗文创设计品牌提供了品牌推广和营销的机会。通过电商平台的广告投放、合作推广和品牌页面建设，非遗文创设计品牌可以提升品牌曝光度，从而提升品牌知名度和认可度。电商平台也经常通过促销活动、限时特惠等营销手段，吸引消费者购买非遗文创设计产品。

电商平台也面临一些挑战和问题。

首先，电商平台上的竞争激烈，非遗文创设计品牌需要在众多竞争对手中脱颖而出，建立自己的品牌优势和特色。其次，电商平台的运营和管理也需要非遗文创设计品牌投入足够的资源和精力，包括库存管理、物流配送、售后服务等方面的考虑。

电商平台的崛起为非遗文创设计市场带来了机遇和挑战，然而，品牌竞争和产品质量问题仍然是其需要重视和解决的问题。非遗文创设计品牌需要积极应对这些挑战，不断提升产品品质和用户体验，以在电商平台上获得竞争优势，为非遗的传承和发展作出积极贡献。

（四）品牌意识的增强

品牌意识的增强在非遗文创设计产业化实践中具有重要意义。建立和提升品牌意识有助于塑造非遗文创设计品牌的独特形象和个性特点。品牌意识包括品牌定位、品牌价值观、品牌故事等。有效的品牌传播和营销，可以打造与众不同的品牌形象，从而吸引目标消费者并提高忠诚度。

品牌意识的增强可以提升产品的附加值和竞争力。消费者对品牌有一定的认知和信任度，会更倾向于购买此品牌的产品。非遗文创设计品牌通过建立品牌意识，能够提升产品的认可度和市场竞争力，进而提高销售额和市场份额。

品牌意识的增强也有助于推动非遗的传承和创新。品牌作为非遗的载体和传播者，通过传递非遗的价值观和核心理念，为非遗的传承和发展注入了新的活力。品牌意识的增强可以促使非遗文创设计行业更加注重文化内涵和创新表达，推动非遗与现代社会的对话和融合。

品牌意识的增强也面临一些挑战和考验。非遗文创设计品牌需要在传承传统文化的基础上进行创新，以迎合现代消费者的需求和审美趋势。同时，品牌意识的建设需要长期的投入和持续的努力，包括品牌形象的维护、品牌推广的策划等方面的工作。

品牌意识的增强对于非遗文创设计产业化实践至关重要。建立和提升品牌意识，可以塑造品牌独特形象和个性特点，提升产品的附加值和竞争力，推动非遗文化的传承和创新。非遗文创设计品牌应注重不断创新、长期投入和持续努力，以实现品牌的长期发展和市场竞争优势的提升。

（五）跨界合作的频繁

跨界合作在非遗文创设计产业化实践中发挥着重要作用。跨界合作可以拓展非遗文创设计的市场范围。通过与其他行业的合作，非遗文创设计可以进入新的消费领域，触及更广泛的消费群体。例如，与时尚行业的合作可以将非遗元素融入时尚产品，吸引年轻消费者的关注，提升年轻消费者的购买意愿。

跨界合作可以为非遗文创设计注入新的元素。不同行业之间的合作可以促进思维碰撞和创意交流，为非遗文创设计带来灵感和创新方向。例如，与家居行业的合作可以将非遗元素应用于家居产品的设计中，创造出独特而具有文化内涵的家居艺术品。

跨界合作还有助于提升非遗文创设计的品牌形象和价值。与其他行业的合作可以借助合作伙伴的品牌影响力和市场资源，提升非遗文创设计品牌的知名度和美誉度。跨界合作可以通过共同推广等方式，使非遗文创设计品牌与其他行业的品牌形成有机的关联，增强品牌的竞争力和市场影响力。

跨界合作也面临一些挑战和难题。跨界合作需要充分尊重和理解非遗的特点和价值，避免非遗元素被过度商业化或者失去原有的文化内涵。合作双方需要共同探讨如何平衡商业利益和文化保护，确保合作成果符合非遗的核心价值。

跨界合作在非遗文创设计产业化实践中具有重要作用。通过拓展市场范围、注入创新元素和提升品牌价值，跨界合作为非遗文创设计带来了新的机遇和挑战。非遗文创设计企业和设计师应积极寻求跨界合作的机会，并与合作伙伴共同探索创新发展的路径，推动非遗文创设计产业的创新与繁荣。

（六）市场竞争的激烈

随着非遗文创设计市场的扩大，市场竞争的激烈程度也逐渐增加。这主要是由市场需求的增长和参与者的增加造成的。随着消费者对传统文化的重视和对创新设计需求的提高，非遗文创设计市场吸引了越来越多的企业和设计师参与进来。这就意味着市场上同类型产品的数量和竞争对手的数量也在增加。

在竞争激烈的市场环境中，企业和设计师需要注重产品的设计创新和质量提升。

首先，设计创新是区别于竞争对手的重要因素。通过独特的设计理念和创新的设计元素，企业和设计师可以吸引消费者的注意，并赢得市场份额。其次，产品质量也是在竞争中脱颖而出的关键要素。高品质的非遗文创产品能够给消费者带来良好的使用体验和品质保证，增强消费者对品牌的信任度和忠诚度。

市场竞争的激烈还促使企业和设计师注重市场营销和品牌建设。有效的市场营销战略可以提升产品的知名度和美誉度，吸引更多的消费者。品牌建设可以为企业和设计师赋予独特的品牌形象和价值观，使其在竞争中具备差异化优势。

在面对激烈的市场竞争时，企业和设计师还需关注消费者需求的变化和市场趋势的演变。了解消费者的偏好和需求，及时调整产品策略和设计方向，可以保持市场竞争力。同时，密切关注市场趋势的演变，抓住市场机遇，灵活调整经营策略，也是在激烈竞争中立于不败之地的重要因素。

随着非遗文创设计市场的扩大，市场竞争也变得越来越激烈。企业和设计师需要注重设计创新、产品质量、市场营销和品牌建设，同时关注消费者需求和市场趋势的变化，以在激烈的市场竞争中保持优势和持续发展。企业和设计师只有不断提升自身实力和适应市场变化，才能在竞争中脱颖而出并取得成功。

以上六个方面体现了非遗文创设计市场的发展状况。对这些状况的深入理解，可以帮助企业和设计师更好地应对市场的变化，把握市场的发展趋势，推动非遗文创设计行业的持续发展。

第二节　非遗文创设计产业化的模式与实践

一、非遗文创设计的产业化模式

非遗文创设计的产业化模式，可以从以下六个方面展开论述，如图6-2 所示。

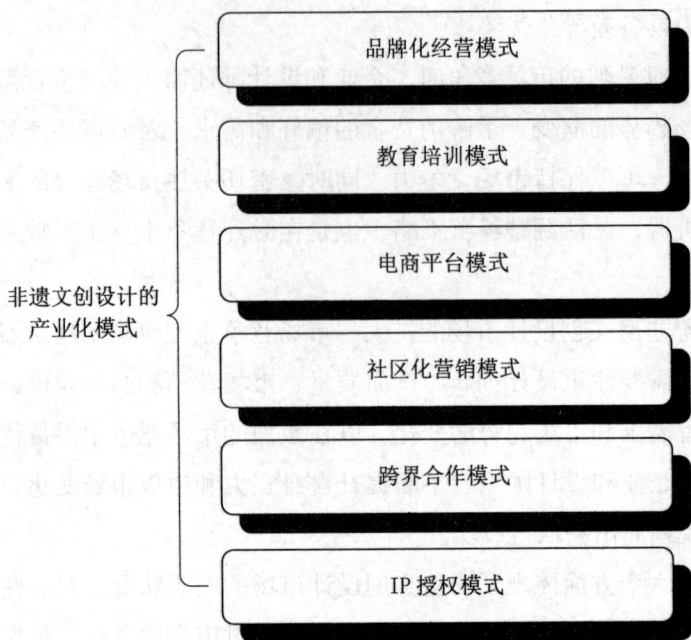

图 6-2　非遗文创设计的产业化模式

（一）品牌化经营模式

品牌化经营模式对非遗文创设计的产业化发展起着至关重要的作用。通过深入的产品包装和市场定位，构建自身的品牌形象，从而增强产品的知名度和价值，是实现非遗文创设计产业化的重要策略。

品牌化经营模式的实施表现在产品的品牌包装上。包装不仅是产品展示的重要方式，更是传达品牌内涵和价值观的关键手段。例如，玛瑙工艺品通过精致的包装设计，展现其独特的工艺和非遗元素，体现了产品的独特性和价值，吸引了目标消费者的关注。

市场定位也是品牌化经营模式的重要组成部分。市场定位决定了品牌的目标消费者群体，也影响了品牌的产品策略和营销策略。例如，玛瑙工艺品将自身定位为奢华的礼品，明确了其高端、精致的品牌形象，进一步增强了产品的吸引力，从而扩大了其市场影响力。

品牌化经营模式的实施，使得非遗文创设计产品在市场竞争中具有更大的竞争优势。一方面，品牌化经营模式增强了产品的辨识度，使其在众多产品中脱颖而出；另一方面，品牌化经营模式也加强了消费者对产品的信任感和忠诚度，有助于提高产品的销售额和市场份额。

品牌化经营模式对于非遗的保护与传承也起到了积极的推动作用。品牌的建立需要对非遗进行深入研究和理解，需要将非遗元素融入产品设计，从而使非遗得以在产品中传播和延续。同时，通过品牌的影响力，也可以吸引更多的人了解和关注非遗，对非遗的保护与传承起到了积极的推动作用。

在这一方面较为成功的案例是贵州丹寨锦绣谷。景区以乡镇合作社、村寨工坊以及系统的技能培训为途径，保护并提升苗、侗、瑶、水等民族的刺绣、蜡染、织布、造纸等传统工艺，并通过实体店＋电子商务的方式，专注打造民族手工产品的品牌影响力，由此成为我国民族文创的代表性品牌。

品牌化经营模式对于非遗文创设计产业的发展有着重要的推动作用。品牌化经营模式通过深入的产品包装和准确的市场定位，构建自身的品牌形象，从而增强产品的知名度和价值，同时对非遗的保护与传承起到了积极的推动作用。在未来的发展中，品牌化经营模式将会在非遗文创设计产业化实践中发挥更大的作用。

（二）教育培训模式

教育培训模式对非遗文创设计的产业化贡献不容忽视，其通过提供专业的教育和培训服务，能够有效地推动非遗文创设计产业的发展，其中包括培养专业的设计人才和推动相关产品的销售。

教育培训模式在设计人才的培养上具有重要作用。非遗文创设计需要熟悉并理解非遗工艺，同时具备现代设计的技能和理念。专业的教育和培训服务可以为设计者提供这些必要的知识和技能，从而培养出具备专业素质的非遗文创设计人才。设计人才的增加将促进非遗文创设计产业的发展，提高其产业水平和竞争力。

教育培训模式也能推动相关产品的销售。教育和培训，可以使更多的人接触和了解非遗工艺，提高他们对非遗文创设计产品的认知度和接受度。例如，提供陶艺、剪纸等非遗手工艺的教学服务，不仅可以培养出有技能的学员，也可以吸引更多对非遗感兴趣的人群，从而推动相关产品的销售。

教育培训模式也对非遗的保护与传承有着重要的作用。教育和培训，可以将非遗传播给更多的人，让他们认识和了解非遗，从而提高非遗的社会影响力，有利于非遗的保护与传承。

教育培训模式也可以促进非遗文创设计产业化的创新。培训中，设计师可以学习并掌握到最新的设计理念和技术，这对于他们进行设计创新具有重要的促进作用。通过创新，非遗文创设计产业可以更好地适应市场的需求，提高其市场竞争力。

例如，山东管理学院重点打造了多项非遗项目，引进了非遗传承人，通过保护身怀绝技的老艺人，发挥其"传帮带"作用，培养了年轻的非遗传承人。山东管理学院作为国家级非遗项目传承基地、山东省非遗研究基地，以传承学习、科学研究、展览展示、普及教育为一体的培训基地，高举弘扬优秀传统文化大旗，在对外交流中展形象，在服务地方上出成效，在人才培养上创新招。该校通过设置非遗课程体系如非遗项目传承、非遗项目传承与数字化，引导学生参与非遗设计活动，培养艺术应用型人才，同时通过建立与非遗紧密相关的教育辅助课程，加强非遗理论知识以及实践应用。

该校在非遗课程设置时，把握了三个方向：一是教学内容和校园文化相结合；二是教学内容和社会实践相挂钩；三是教学内容与非遗艺术相融合。

该校通过开设非遗选修课，普及了非遗相关知识；通过开设针对性强的非遗艺术专业实践项目，不仅增强了学生对非遗艺术的保护、传承意识，还激发了学生的学习热情。同时，教学要将理论与实践相结合，特别在实践环节上苦下功夫。对此，教师采取了多方位、多形式的教学方法。比如，组织学生去民间采风调查，同时指导学生完成非遗的相关调研报告；业余时间组织大学生到小学开展非遗展览展示、展演等活动；假期组织学生到社区进行非遗保护宣传和其他实践活动。

山东管理学院采取校内外相结合的方式，共同培养非遗艺术的应用型人才。该校通过引进非遗传承人，教授非遗课程，让学生在平时学习当中感受到非遗艺术文化的魅力，也让传承人从高校汲取一些创意和新思维，从而更好地在教学实践中取长补短，共同培养应用人才，培养学生的民族艺术情感和工匠精神。

例如，山东管理学院设置了非遗人才培养及研究机构。该校组织专业的科学研究队伍，成立了手工艺艺术研究所，以加强非遗项目的传承和创新研究。在非遗传承与教学过程中，该校通过应用多媒体技术辅助教学，构建了非遗教学资源库，建设了国家级非遗课程"雕刻技艺"、在线课程"刻瓷技艺"，成立了刻瓷、年画、陶艺、古琴、琴书等工作室，推进了非遗人才培育工作的有效开展。在日常教学中，该校将非遗企业对产品研发的规范、流程全面融入项目案例，使教学与行业、企业规范对接，实现了创意、设计、制作和销售的贯通，让学生在完成新产品的研发过程中，了解了职业特性、岗位技能及相关技术标准，兼顾了经济、习俗、情感、审美等方面的需要。

山东管理学院人才培养模式凸显特色化。该校进行非遗人才培养，与山东地方文化进行了有效结合，构建了行之有效的人才发展新模式，进一步促进了高校教育以及非遗的有效融合。学校主动对接文创产业转型发展需求，让非遗在产业化、市场化中赢得新生。非遗成果的产品化不仅是文创类产品生产流程完整化的需要，更是山东省非遗研培学员综合技能提升的需要。2016年起，山东管理学院作为首批山东省非物质文化遗产研修研习培训基地，主要开展了山东省陶艺、年画、刻瓷、石雕等研修班，培训学员 128 人。培训内容涵盖理论、技艺指导、策略实践训练、艺术投资、专项扶持等内容。通过理论学习和实践创作，教师与学生面对面交流，对学生进行一对一辅导，提高了年轻一代非遗传承人的创新设计能力，促进了非遗文创产业的健康发展。

在非遗文创设计产业化的发展中，教育培训模式起到了重要的推动作用，通过提供专业的教育和培训服务，培养了专业的设计人才，推动了相关产品的销售，同时对非遗的保护与传承，以及非遗文创设计产业化的创新，都起到了积极的推动作用。在未来的发展中，教育培训模式将会在非遗文创设计产业化实践中发挥更大的作用。

（三）电商平台模式

电商平台模式已经成为非遗文创设计行业一个重要的营销和销售模式，它将传统文化与现代科技相结合，为非遗文创设计产品开辟了广阔的市场。

电商平台模式的一个明显优势是能够将非遗文创设计产品直接送达全球消费者。在经济全球化的今天，消费者对于非遗产品的需求不再局限于地域，电商平台正好满足了这个需求，让全球消费者能够方便快捷地购买到非遗文创设计产品，这大大拓宽了非遗文创设计产品的市场。

电商平台模式也大大提高了非遗文创设计产品的市场竞争力。在电商平台上，非遗文创设计产品可以通过优化产品信息、提高服务质量、定期举办促销活动等方式，提高自身的市场竞争力，吸引更多的消费者。同时，电商平台的大数据分析能力也可以帮助非遗文创设计企业更好地了解市场趋势，制定出更符合市场需求的策略。

电商平台模式也有利于非遗的传播。通过电商平台，消费者不仅可以购买到非遗文创设计产品，还可以了解到非遗的背景和含义，从而加深对非遗的了解和认同，进一步推动非遗的传播。

电商平台模式也能为非遗文创设计行业带来创新的机会。在电商平台上，非遗文创设计企业可以直接与消费者交流，了解消费者的需求和反馈，这将为产品设计和服务改进提供宝贵的参考，从而推动行业的创新。

2019 年 12 月，依托国家级非遗代表性项目庆阳香包，庆阳岐黄文化传播有限公司设立庆阳香包绣制非遗工坊，通过积极与市场对接，形成了"公司＋合作社＋农户＋电商＋博物馆"的商业模式，涵盖了庆阳香包传承、设计、展示、销售的各个环节，同时进一步拓展了产业链，开展乡村文旅融合，以此实现年产值 600 多万元，辐射带动农户就业 4 000 多家，累计培训 8 000 人次。

作为传统美术类非遗项目，庆阳香包绣制讲究立体造型和平面刺绣兼容、构型简单质朴，按制作技艺分为"绌绌"类、线盘类、立体刺绣类、平面刺绣四大类。"绌绌"又名藏针绣，其特点是把针线藏起来，以造型状物、形神兼备而不见针线为佳境，其工艺流程包括创意、选料、裁剪、状物等环节。近年来，传统庆阳香包绣制与当代文化相结合，设计推出了不同类型的非遗文创产品。从个人佩戴走向广阔市场、从个体制作走向规模生产，香包也逐渐变成庆阳连接外部世界的一张"名片"。庆阳香包绣制非遗工坊依托庆阳香包绣制这一非遗项目，以积极宣传推介、做实文旅产业、注重技能培训等形式推进非遗工坊建设工作。

由此可见，一些非遗文创设计品牌已经通过电商平台进行销售，并取得了良好的效果。这是电商平台模式对非遗文创设计产业化实践的明证。在未来，随着网络技术和电商平台的发展，电商平台模式在非遗文创设计行业的应用将更加广泛和深入。

（四）社区化营销模式

社区化营销模式在非遗文创设计行业的应用中扮演着至关重要的角

色，它以消费者为中心，构建了一个深度参与、高度互动的环境，为非遗文创设计产品的传播和销售提供了新的可能。

社区化营销模式的核心在于用户参与，它将消费者从被动的接受者变为主动的参与者。在社区中，消费者不仅可以直接参与产品的设计，提供他们的建议和想法，还可以参与产品的传播，通过分享和推荐等方式，帮助产品形成口碑效应。这种用户参与的模式，不仅可以提高非遗文创设计产品的市场接受度，还可以加强消费者与产品的情感连接，从而增强产品的市场持久力。

社区化营销模式也带来了更深度的用户洞察。在社区中，非遗文创设计企业可以直接与消费者交流，了解他们的需求和反馈，这为企业提供了大量的第一手用户数据，有助于企业更好地理解市场和用户，从而优化产品设计和市场策略。

社区化营销模式还有利于非遗的传播。在社区中，消费者可以深入了解非遗的背景和含义，通过社区活动的参与，更深入地体验非遗。这不仅有助于提升消费者的文化素养，也有助于提高非遗文创设计产品的市场认知度。

有些手工艺品牌通过社交媒体创建了自己的粉丝社区，成功地实现了产品的社区化营销。这证明了社区化营销模式在非遗文创设计产业化实践中的有效性。随着社交媒体和社区营销技术的进一步发展，社区化营销模式在非遗文创设计行业的应用将更加广泛和深入。

自 2019 年以来，在山东省潍坊市文化和旅游局指导下，潍坊市非物质文化遗产保护协会以奎文区广文街道东上虞社区为实践基地，大力推进非遗社区化、生活化、平台化发展，为打造手工艺传习创业服务中心、民俗文化特色体验打卡地社区品牌，建设新时代非遗主题社区进行了积极有效的探索和实践。

例如，山东潍坊（东上虞）红炉文化节自 2017 年起连续举办了多届，组织开展非遗展演、文艺演出、美食体验、技艺培训、民俗巡演、工艺品展销等多元活动，吸引了数万名民众参与，产生了广泛的文化影响力，为非遗社区建设营造了文化氛围。当地政府主管部门高度重视，将其列为全市重点文化活动。社区积极推进，先后投资数十万元用于文化节各类活动的组织，打造出了积极有效的社区化营销模式。

非遗社区化发展是新时代社区建设的创新实践。东上虞社区将与民众生活密切关联的美食、手工艺和传统医药等非遗项目植入业态培育，让非遗服务于社会、服务于民生，为新时代社区治理开辟了新的思路，为社区经济发展拓展了新的空间，为非遗社区化发展提供了具有示范性和可复制性的样板。

（五）跨界合作模式

跨界合作模式对于非遗文创设计行业的发展具有重大价值，该模式通过引入多元化的合作伙伴，使得非遗文创设计品牌能够扩大其影响力并进一步提升市场竞争力。这样的合作模式包含了资源的共享和优势的互补，为文化创新提供了更广阔的空间。

以旅游业为例，非遗文创设计产品通过与旅游业的合作，可以直接接触到大量的旅游消费者。此外，旅游景点通常具有独特的地方文化特色，这为非遗文创设计产品提供了丰富的设计灵感。而对于旅游业来说，引入非遗文创设计产品可以丰富其旅游产品的文化内涵，提升游客的旅游体验。因此，非遗文创设计品牌与旅游业的合作可以实现资源的共享和优势的互补，同时有利于提升非遗的市场影响力。

在餐饮和服装产业的合作中，非遗文创设计品牌也可以通过设计餐具和服装等产品，实现非遗元素的全方位传播。这种合作模式可以让更多的消费者在日常生活中接触到非遗，提高非遗的市场认知度，同时为餐饮和服装品牌提供独特的文化特色，有助于增强品牌的市场竞争力。

跨界合作模式为非遗文创设计品牌提供了新的发展方向，使其能够通过合作，拓宽市场，提升非遗的市场影响力。这种模式的成功实施，需要非遗文创设计品牌具备灵活的创新能力和高效的合作能力，同时需要各行业都能够认识到非遗的价值，愿意为非遗的传播作出努力。

在乡村振兴战略的大背景下，非遗为核心的文创设计与农村旅游的深度结合，对于提升农村经济发展水平及推动乡村振兴具有重要作用。实质上，非遗资源蕴含着丰富的地方特色与历史内涵。当这些独特的非遗资源与文创设计相结合，产生的文创作品不仅能够促进非遗的传承与弘扬，也能为农村的经济发展提供新的活力与动力。这是一种"农旅 + 文创"的跨界合作模式，它在为农村非遗传承注入新的生命力的同时，也推动了农村文化旅游产业的持续发展。例如，柘荣县西北部的靴岭尾村，就通过牢牢把握剪纸这一非遗项目，成功构建了"农旅 + 文创"的发展模式，实现了产业融合，为当地经济发展注入了新的活力。

非遗保护与文创旅游融合发展的实践证明，此举对提升旅游资源的文化内涵与经济价值具有显著的效益。非遗的类型繁多，包括民间文学、舞蹈、曲艺、杂技、手工艺，以及地方习俗、岁时节令、民间信仰、传统体育、传统医药等。这些非遗资源的存在，大大丰富了乡村旅游的内容和形式。

将非遗融入乡村旅游，能够充分发挥非遗的独特性，提升农村旅游的多样性与丰富性。与此同时，文创与农旅的紧密融合也为农村产业的优化升级提供了新的路径，推动了乡村振兴战略目标的实现。换句话说，以非遗为核心的文创设计与农村旅游的结合，不仅有助于非遗的传承与发展，也有利于推动乡村振兴，实现农村经济的持续发展。

（六）IP 授权模式

IP 授权模式为非遗文创设计行业开辟了新的发展路径。将非遗元素进行 IP 包装，可以实现产品的再次创新，并增加其在市场上的竞争力。这种模式将非遗的独特性与其他领域，如动漫、游戏等产业结合，形成新的文化产品，使非遗元素具有更广泛的传播性和吸引力。

非遗元素的 IP 包装需精准提炼其核心文化价值，以创新方式进行产品设计，以满足市场对于新颖、独特商品的需求。例如，将具有独特地域文化特色的非遗元素与动漫结合，可以创造出具有深厚文化内涵和现代审美趣味的动漫作品，使非遗元素在新的领域得到传播，从而提升非遗的市场价值。

在游戏产业中，非遗元素的 IP 化同样具有较大潜力。随着电子游戏市场的不断扩大，玩家对于游戏内容的要求也越来越高，这为非遗元素的引入提供了机会。例如，将非遗元素设计成游戏角色或者游戏场景，可以使游戏更具文化魅力和独特性，也有利于非遗的传播和推广。

非遗元素的 IP 化还可以帮助非遗文创设计行业获取更多的经济收益。通过授权，非遗文创设计品牌可以让其他企业或者个人使用其非遗元素进行创新设计，从而获取授权费用。这不仅可以为非遗文创设计品牌带来经济利益，也能推动非遗元素在更多领域的应用。

以上六种产业化模式为非遗文创设计行业的发展提供了新的思路和方向。然而，对于每个企业和设计师来说，如何选择适合自己的模式，需要根据自身的资源和市场情况进行综合考虑。

二、非遗文创设计的产业化实践

（一）建立特色品牌

非遗的保护与传承的一个重要途径就是通过产业化实践，利用现代设计手法和市场机制，将非遗元素转化为具有市场价值的产品。以青海刺绣为例，作为青海地区的民间传统刺绣手工艺，青海刺绣涵盖了诸如土族盘绣、湟中堆绣、贵南藏绣、河湟刺绣、蒙古族刺绣等多种技法，展现了该手工艺在产业发展中的核心价值与品牌特色。在青海互助土族自治县，苏晓莉与其团队创建了"青绣就业基地"和"非遗就业工坊"。发展"企业＋绣娘＋贫困户"的商业模式，立足打造品牌效应。"青绣就业基地"和"非遗就业工坊"成立至今，已经吸引了近140家工坊，为近15万人提供了长期的就业机会，从而显著提高了当地村民的收入，扩大了品牌影响力。

就业基地和非遗工坊早期大多以生产加工半成品为主，对于传统技艺基础薄弱的村民来说容易学、上手快。经过近几年的发展，村民们逐渐扎实了基础。打造青绣品牌的步伐不断向前迈进，团队还重点解决了刺绣产品相对单一、受众面较窄等问题。目前，青绣工艺已逐步与高等教育机构接触并合作，综合苏绣、蜀绣、粤绣等特色，创新和开发了超过200种现代风格的刺绣产品。此外，"青海青绣数字化总部"已经建立，通过"产品研发、技能培训、展销数据分析"等方面为青绣特色品牌提供了科学的定位，使青海青绣文创产品更有效地接触市场，证明了非遗文创设计的产业化实践不仅可以保护与传承非遗，更可以推动非遗的创新和发展，实现非遗和现代市场的有机融合。

（二）打造电商平台

随着电商直播作为一种新兴销售模式的崛起，如何妥善运用这一现代化手段打造传统工艺的电商平台，推动传统工艺的产业化实践成为非遗传承人面临的一大课题。

以山东漆器髹饰技艺的产业化实践为例，该项目第六代传承人李程创新实践思维，通过抖音和淘宝直播间创建"大唐漆艺坊"，将传统的工艺制作现场与电商直播平台相结合，为大众呈现了山东漆器的传统工艺和优选产品。在"大唐漆艺坊"电商直播的实践中，传统工艺的制作过程被带入直播间，展现了山东漆器的传统工艺与现代创新的同时，呈现了山东漆器从日常用品到高价值收藏品的丰富产品线，这种形式的文化输出，受到了广大网友的热烈反响和肯定。

电商平台的打造与传统工艺产业化实践，打破了固有的非遗文创产品的线下销售形式，让人们通过直播，就能看到非遗传统工艺流程和产品制作过程，进一步促进了传统工艺的传播。

通过电商平台，非遗文创产品可以迅速触达全球消费者，扩大销售市场，展示了电商平台在品牌建设、产品推广和用户体验方面的优势。为非遗文创设计产业化的发展提供了有力支持，促进了非遗的传承和创新。

（三）推动设计创新

随着技术进步和生产方式的演变，传统的非遗已经逐步打破其原有的界限，展现出更为丰富和多样的设计创新空间与形态。

以青海藏族羊毛产品为例，青海省玉树州的藏族帕卓巴游牧人合作社位于海拔 4 000 米的甘宁村，这里寒冷到被当地人称作"野牦牛也颤抖的地方"。当地盛产羊毛，于是当地人以羊毛产业为基础，建立了合作社与毛毡工作室。作品全部由当地居民参与设计与制作，他们的设计风格生动而大胆，产品处处体现着居民创新的设计思维和豪迈的天性。他们利用本土文化符号和原料，融入藏地传统或大山水流，倾向于不经过染色处理的原毛色，减少对五金配件的使用，从而设计出了不同系列的挎包、帽子等物品，广受消费者的好评。

由此可见，设计的力量对于非遗的载体、呈现、传播及整合机制都有着深远的影响。这种方式不仅可以扩大非遗的影响力，还可以增强公众对文化的自信，为当地居民创造经济价值，从而实现文化传承与经济发展的良性互动。

（四）实施 IP 战略

实施 IP 战略的案例是四川的熊猫茶叶。熊猫茶叶将非遗技艺和国家级 IP——大熊猫有机结合，形成了独特的品牌影响力和市场竞争优势。非遗技艺代表着中国传统文化的独特魅力，而大熊猫则是中国的国宝，具有较高的知名度和影响力。通过将这两者相结合，熊猫茶叶创造出了独特的品牌形象，受到了消费者的关注和喜爱。

熊猫茶叶的 IP 战略还体现在产品设计和包装上。他们将非遗技艺与大熊猫的形象融入产品包装，使产品具有了独特的视觉特点和艺术感。这种设计不仅提升了产品的品质和附加值，还使消费者更容易与品牌产生情感共鸣，并增加了购买的欲望。

熊猫茶叶还注重 IP 的延伸和衍生。他们通过与其他行业的合作，如旅游、文化艺术等，将熊猫茶叶品牌延伸到更多的领域，推出相关的周边产品和活动。这种 IP 的延伸不仅扩大了品牌的影响力和市场覆盖面，也为品牌带来了更多的商业机会和盈利模式。

通过将非遗技艺与大熊猫这一国家级 IP 结合，熊猫茶叶成功地创造出了独特的品牌形象和市场竞争优势。这种 IP 战略不仅提升了非遗的认知度和价值，也为熊猫茶叶品牌的发展和市场地位奠定了坚实的基础。

熊猫茶叶的 IP 战略案例展示了在非遗文创设计产业化中实施 IP 战略的重要性。将非遗元素与有影响力的 IP 相结合，可以创造出具有独特品牌形象和市场竞争力的产品。这种 IP 战略不仅推动了非遗的传承和创新，也为文创设计产业化的发展带来了新的机遇和潜力。

（五）举办文化活动

以绥棱黑陶制作技艺系列文化活动为例，2023 年，为更好地保护与传承地方非遗，黑龙江省绥棱林业局有限公司将该省非遗的"绥棱黑陶制作技艺"整合到旅游项目之中，并设立了绥棱陶艺文化体验馆。体验馆融生产、教育和研究于一体，不仅为游客提供了一个亲身体验陶艺的机会，并且通过"非遗＋文创"的模式，进一步丰富了游客的体验内容。未来，体验馆还将提供包括拉坯、陶艺纹饰、DIY、泥塑、书法、彩绘、雕刻等在内的二十余个专业课程与文化活动，旨在为各年龄段的陶艺爱好者提供一个更为广泛和专业的学习和体验平台。

随着文化体验馆的落成，黑龙江绥棱林业局有限公司将继续加大与文化活动的有机结合，通过深度融合陶艺文化与旅游体验，推出一系列以教育培训、文创和科技创新为特色的生态旅游项目，推动文旅产业的持续发展。这些文化产业项目及活动的实现，不仅将进一步推动该地区文旅产业的规模化发展，还将为游客提供一个更为丰富和具有深度的文化旅游体验，使游客在欣赏自然风光的同时，深入体验和感受到黑陶文化的独特魅力。

（六）开展教育培训

开展教育培训的典型案例是由中华人民共和国文化和旅游部、中华人民共和国教育部、中华人民共和国人力资源和社会保障部共同实施的中国非物质文化遗产传承人研修培训计划。该计划旨在为非遗保护工作提供高校的学术和教学资源支持，通过组织非遗项目持有者、从业者等传承人群到高校学习专业知识、研究技艺和技术、开展交流研讨与实践，帮助非遗传承人群强基础、拓眼界、增学养，增强文化自信，提高专业技术能力和可持续发展能力，提升非遗保护传承水平。同时，丰富参与院校的学术和科研积累，完善相关学科体系建设，更好地发挥文化传承创新功能。该计划定期举办中国非物质文化遗产传承人研修培训班，为非遗传承人提供了学习和交流的平台，培养和提升了非遗传承人的专业能力和创新意识。

该培训计划具有多重意义。

首先，为非遗传承人提供了专业化的学习机会。通过系统的课程安排和专业的教学团队，培训班能够传授非遗文创设计的理论知识和实践技巧，帮助学员提升专业能力。

其次，培训计划提供了交流和合作的平台。学员来自不同地区和背景，他们可以在培训期间相互交流、分享经验，甚至可能形成合作伙伴关系。这种交流与合作有助于激发创新思维，推动非遗传承与创新。

再次，培训计划通过实践环节加强了学员的实际操作能力。例如，通过组织实地考察、实际设计项目等活动，培训班能够让学员更好地理解非遗和应用设计技巧。这种实践性的教学方法有助于培养学员的创新意识和实际操作能力。

最后，培训计划为非遗的传承和创新提供了重要支持。通过系统的教学和实践环节，培训班能够提升非遗传承人的专业水平和创新能力，推动非遗文创设计产业的发展。同时，培训计划也为非遗文化的保护与传承培养了一批具备专业知识和技能的人才。

为此，各省市也开展了非物质文化遗产传承人群研修研习培训班，培养和提升地方非遗传承人的专业能力和创新意识。例如，山东省教育厅、文化和旅游厅组织开展的山东省非物质文化遗产传承人群研修研习培训班，产生了广泛的社会影响。

以上六个方面的产业化实践为非遗文创设计提供了新的发展路径，实践中应注重以人文关怀和科技进步为导向，从而实现非遗的活态传承与创新发展。

二、非遗文创设计市场的发展趋势

（一）个性化需求的增长

个性化需求的增长是非遗文创设计市场的重要趋势之一。在传统文化与现代设计相结合的背景下，消费者越来越追求个性化和独特性的产品。这种趋势的出现是由多种因素驱动的。

社会的发展和消费者的生活水平提高使得消费者对个性化产品的需求增长。随着经济的发展和人们生活水平的提高，消费者对产品的功能性和实用性已经得到基本满足，更多的关注点转向了产品的个性化和独特性。他们渴望拥有与众不同的产品，以展示自己的个性和品位。

互联网和社交媒体的兴起为个性化需求的增长提供了平台。互联网和社交媒体的普及使得消费者更容易获取和分享信息。他们可以通过互联网搜索和浏览各种非遗文创设计产品，寻找与自己喜好和风格相符的产品。同时，社交媒体也为消费者展示和分享自己的个性化选择提供了渠道，进一步推动了个性化需求的增长。

非遗的独特性和历史底蕴也是个性化需求增长的重要推动力。非遗作为传承千年的传统文化，具有独特的艺术风格和历史意义。消费者通过选择非遗文创设计产品，既可以满足自己的个性化需求，又可以展示对传统文化的尊重和热爱。

在面对个性化需求增长的趋势时，非遗文创设计行业需要积极应对。企业和设计师需要加强市场调研和消费者洞察，深入了解消费者的需求和偏好。这样才能根据市场需求，提供符合消费者个性化需求的产品。

设计师需要注重创新设计和差异化定位，通过将传统文化元素与现代设计相融合，打造独特的非遗文创设计产品。个性化需求的增长意味着消费者对个性化和独特性设计的追求，因此设计师需要在产品设计中注入个性和创意，以满足消费者的需求。

企业和设计师需要优化生产和供应链管理，以满足个性化需求的定制化要求。个性化产品往往需要较高的定制度和灵活的生产模式，因此企业需要灵活调整生产流程和供应链，以适应个性化产品的生产和交付需求。

个性化需求的增长是非遗文创设计市场的重要趋势。通过深入了解消费者需求、创新设计和优化供应链管理，非遗文创设计行业可以更好地满足消费者的个性化需求，提升市场竞争优势。

（二）技术创新的深入

技术创新在非遗文创设计领域中扮演着重要角色。随着科技的进步，新技术的应用为设计师提供了更多创新和表现非遗的方式。VR、

AR 和 3D 打印等技术被广泛应用于非遗文创设计中，为设计师提供了展示非遗魅力的新工具，并且为产品注入了科技感和创新性。

VR 和 AR 技术为消费者提供了全新的非遗体验。通过 VR 技术，消费者可以身临其境地感受非遗的魅力，参观传统工坊、观赏传统演出等。而 AR 技术则可以将非遗元素与现实世界相融合，为消费者创造出与传统文化互动的新体验。这些技术的应用使得非遗更具吸引力和互动性，进一步提升了非遗文创产品的市场竞争力。

3D 打印技术在非遗文创设计中发挥了重要作用。传统的非遗工艺往往依赖于手工制作，制作过程烦琐且时间成本较高。而 3D 打印技术通过数字化建模和快速制造的特点，可以加速非遗文创产品的生产过程，并且实现个性化定制。设计师可以通过 3D 打印技术制作精细复杂的非遗文创产品，同时保持其独特性和艺术感，以满足消费者对个性化和独特性的需求。

技术创新还推动了非遗文创设计的数字化转型。通过应用互联网和移动技术，非遗文创设计产品可以得到更广泛地展示和销售。在线平台和电商平台为设计师提供了全球范围内推广和销售产品的机会，让产品触达更多人。同时，数字化工具和软件的应用也提升了设计师的创作效率和设计质量，推动了非遗文创设计的创新和发展。

技术创新对非遗文创设计的发展起到了积极的推动作用。VR、AR 和 3D 打印等技术为设计师提供了全新的表现手段和创新工具，使得非遗更具吸引力和互动性。同时，技术的数字化应用也拓展了非遗文创设计的市场渠道和销售方式，促进了行业的创新和发展。随着科技的不断进步，可以期待更多新技术的应用，进一步推动非遗文创设计的发展。

（三）环保意识的提升

在全球环保意识日益提高的背景下，非遗文创设计市场也日益重视环境保护和可持续发展。这一趋势体现了社会对于可持续性的关注和对环保价值的认同。在非遗文创设计中，环保意识的提升表现在多个方面。

（1）材料选择方面。环保意识的提升要求非遗文创设计选择环保材料，避免使用对环境有害的化学物质和大量的资源消耗。例如，选择可再生材料、生物降解材料或回收再利用材料，以减少对环境的负面影响。同时，材料的可持续性也需要考虑，包括材料的生命周期分析和碳足迹评估等。

（2）生产过程中的环保措施。非遗文创设计需要关注生产过程中的环境保护问题，包括减少能源消耗、控制废水和废气的排放、采用清洁生产技术等。这些措施有助于降低生产过程中的环境污染和资源浪费，提升产品的可持续性和环境友好性。

（3）产品的可循环性和可持续性。非遗文创设计可以关注产品的生命周期管理，设计产品的可拆卸、可分解、可回收等特性，以减少产品的废弃物和对自然资源的消耗。同时，产品的维修和再利用也是可持续发展的重要方向，通过延长产品的使用寿命和提供售后服务，减少资源的浪费。

随着环保意识的提升，非遗文创设计市场将更加关注环保和可持续发展。材料选择、生产过程的环保措施以及产品的可循环性和可持续性都将成为行业发展的重要方向。这不仅符合社会对于环保的期待，也能够提升非遗文创设计的市场竞争力，推动行业的可持续发展。

（四）信息全球化市场的拓展

非遗文创设计市场的拓展进入全球信息化阶段，这得益于互联网和电商平台的发展，使非遗文创产品得以迅速触达全球消费者。这一趋势在全球信息化时代背景下，为非遗的传播和推广提供了新的机遇和平台。

信息全球化市场拓展为非遗文创设计带来了更广阔的消费群体。通过互联网和电商平台,非遗文创产品不再受限于地理位置和传统的销售渠道,可以直接面向全球消费者。这使得非遗得以传播到更多国家和地区,增加了产品的曝光度和市场机会。

信息全球化市场拓展促进了非遗文创设计的国际交流与合作。通过与国外企业、设计师和机构的合作,非遗文创设计可以借鉴和吸收国际先进的设计理念和技术,提升产品的质量和竞争力。同时,国际合作也有助于拓展销售渠道,进一步推动非遗文创设计的国际化发展。

信息全球化市场拓展也为非遗文创设计带来了更多的商业机会和收益。通过开拓国际市场,非遗文创设计企业可以获得更多的销售机会和收入来源。同时,与国外品牌和机构的合作,可以实现品牌的国际化和市场影响力的提升,进一步推动行业的发展。

信息全球化市场的拓展为非遗文创设计带来了机遇和挑战。通过互联网和电商平台,非遗文创产品得以触达全球消费者,实现文化传播和商业价值的双重目标。此外,全球信息化市场拓展也促进了国际交流与合作,提升了产品的质量和竞争力。在全球信息化时代,非遗文创设计行业需要积极适应和把握机遇,以实现可持续发展和国际化的目标。

(五)社区化营销的兴起

社区化营销在非遗文创设计市场的兴起是对传统营销模式的一种创新。通过建立非遗文创社区,企业可以与消费者建立更紧密的联系,激发消费者的参与热情,并建立起积极的品牌口碑。社区化营销的兴起对于非遗文创设计市场具有重要意义。

社区化营销可以带来更好的用户参与和品牌互动。通过建立非遗文创社区,企业可以与消费者建立直接的沟通渠道,提供产品信息、设计故事、工艺技巧等内容,引发消费者的兴趣和参与。消费者在社区中可以分享使用体验、创意灵感,互相交流和鼓励,从而形成积极的用户参与和品牌互动。

社区化营销可以形成良好的口碑效应。在非遗文创社区中，消费者可以分享自己对产品的评价和推荐，形成口碑效应。积极的口碑可以增加产品的信任度和认可度，吸引更多潜在消费者的关注，并提升其购买意愿。良好的口碑效应对于非遗文创设计企业来说具有重要的市场推动作用。

社区化营销还可以提供有价值的用户反馈和市场洞察。通过社区中消费者的互动和讨论，企业可以获得关于产品、设计和市场的有价值的反馈和见解。这些反馈和洞察可以帮助企业优化产品设计、改进营销策略，更好地满足消费者需求，提高市场竞争力。

社区化营销在非遗文创设计市场的兴起为企业提供了与消费者更紧密互动的机会，激发了消费者的参与热情，形成了积极的口碑效应，并提供了有价值的用户反馈和市场洞察。在社交媒体和互联网的时代，非遗文创设计企业应积极采用社区化营销策略，与消费者建立更紧密的联系，实现品牌的发展。

（六）教育与市场的紧密结合

将非遗文创设计教育与市场需求更紧密地结合起来是非遗文创设计市场的重要发展趋势。将教育与市场相结合，可以培养更多具有创新能力和实践经验的设计人才，满足市场对于高素质设计人才的需求。这种紧密结合的教育模式对于非遗文创设计行业具有积极的影响和推动作用。

教育与市场的紧密结合可以使学生更好地适应市场需求。传统的非遗文创设计教育通常注重传统工艺技能的传承，但忽视了市场需求和消费者的变化。通过与市场紧密结合，高校可以了解行业的最新动态和市场趋势，调整教学内容和方法，培养出更符合市场需求的设计人才，提高其就业竞争力。

市场需求的反馈可以促进教育的更新和创新。通过与市场紧密合作，高校可以了解到市场对非遗文创设计的需求和偏好，及时调整教学内容和培养模式，注重培养学生的创新能力、市场意识和实践能力。市场的反馈和需求可以促使高校不断改进和创新，为学生提供更具竞争力的教育和培养方案。

教育与市场的紧密结合还可以促进产学研的合作与创新。通过与企业和行业组织的合作，高校可以提供实践机会和项目合作，让学生在真实的市场环境中学习和实践，与行业专业人士进行交流与合作。这种交流与合作可以促进知识和经验的共享，推动非遗文创设计的创新和发展。

将非遗文创设计教育与市场需求更紧密地结合可以培养出更适应市场需求的设计人才，促进教育的更新和创新，推动产学研的合作与创新。这种紧密结合的教育模式将有助于非遗文创设计市场的发展和提升。高校应加强与市场的沟通和合作，不断优化教学内容和培养模式，培养具有创新能力和实践经验的非遗文创设计人才，为行业的可持续发展作出贡献。

以上六个方面概述了非遗文创设计市场的发展趋势。对于非遗文创设计者来说，深入理解和把握这些趋势，有助于更清晰地认识市场发展，从而做出符合市场需求的设计和策略，推动非遗文创设计市场的持续健康发展。

第三节 非遗文创设计产业化案例分析

一、故宫文创设计产业化分析

中国的非遗文创设计产业化实践中，故宫文创是一个显著的例证。作为中国历史的象征和文化的宝库，故宫博物院通过创新的方式，成功地将非遗元素转化为具有市场竞争力的产品。

故宫文创对非遗元素的应用有着独特的创新。故宫博物院拥有丰富的非遗资源，包括书画、瓷器、金银器皿、丝织刺绣等，这些都是故宫文创设计的基础。设计师巧妙地将这些元素融入产品设计，既保留了非遗的核心价值，又展现了现代设计的美学。

以故宫文创的"故宫口红"为例，其以故宫的传统色彩为设计元素，如豇豆红、猩红、胭脂等，这些色彩都源于故宫的宫廷画像和瓷器。同时，"故宫口红"在包装设计上也致敬了中国传统文化，如螭龙、宫灯等图案，让消费者在使用产品的同时，感受到浓厚的历史文化气息。故宫文创在非遗传播上表现出较强的创新性。除了传统的实体店销售，故宫文创还积极探索网络销售，开设官方网店，通过各种网络营销手段，如直播、短视频等，将故宫的非遗文创产品美学理念传播到更广泛的人群中。

故宫文创还注重与其他领域的跨界合作。他们与服装设计师合作推出系列服饰，与电影联名推出周边商品，这些都大大提升了故宫文创的影响力和知名度，使非遗走进了更多人的生活。

故宫文创的成功在于其将非遗与现代设计理念相结合，通过创新的方式，实现了非遗的传承和发展。他们深化了非遗在市场中的应用，推动了非遗在现代社会中的传播，实现了非遗的商业价值。

二、山东潍坊杨家埠木版年画文创设计产业化分析

杨家埠木版年画，源于中国山东潍坊，是中国四大木版年画之一，以其浓郁的民俗风情和独特的艺术风格广受欢迎。近年来，杨家埠木版年画在非遗文创设计的产业化实践中取得了显著成果。

杨家埠木版年画的传统主题包括神话故事、民间传说、历史典故和社会生活等。然而，面对现代社会的需求变化，杨家埠木版年画在坚守传统的同时，也在创新设计和内容上做了大量的尝试。例如，他们推出了以现代生活主题为内容的木版年画，如"开心果"系列。这一系列以简洁的线条和明快的色彩，描绘了现代人的日常生活和社会现象，以此吸引了年轻消费者的关注。

在产品设计方面，杨家埠木版年画将非遗元素融入更多的产品。除了传统的挂画，杨家埠木版年画也设计了一系列的文创产品，如年画手机壳、年画手提袋、年画笔记本等。这些文创产品将年画的艺术美感延伸到了日常生活的各个方面，使非遗更加亲近和可触。

在非遗传播方面，杨家埠木版年画也表现出积极的态度。他们开设了线上店铺，通过网络平台销售产品，利用社交媒体进行产品推广，使年画艺术得以在网络中传播，触及更广泛的人群。同时，他们也举办了多次年画展览和年画制作体验活动，让公众有机会亲自体验年画制作的乐趣，从而进一步了解和传播年画艺术。杨家埠木版年画在非遗保护与传承方面也作出了贡献。他们开设了年画制作课程，邀请年画大师亲自授课，传授年画制作技艺，以此培养新一代的年画传承人，确保年画艺术的持续传承。

三、潍坊风筝文创设计产业化分析

山东潍坊是世界著名的风筝之都，具有悠久的风筝制作历史和放飞的传统。潍坊风筝作为非遗，通过文创设计的产业化实践，已成功将其

艺术价值和文化内涵转化为切实的市场竞争力。

潍坊风筝设计精美，形象丰富多彩，从传统的飞禽走兽到现代的动画人物，应有尽有。在面对现代消费者多元化的需求时，潍坊风筝对自身的设计进行了创新和延伸。比如，其推出了与热门电影、动漫角色联名的风筝产品，这些新颖独特的设计受到了大批年轻消费者的关注和喜爱。同时，潍坊风筝在保持传统制作工艺的基础上，运用现代科技，如利用无人机技术进行风筝放飞表演，为传统风筝注入了新的活力。

潍坊风筝不仅在产品设计上进行了创新，还在非遗的传播方式上做出了新的尝试。活动策划者在全球范围内举办风筝节和风筝比赛，邀请世界各地的风筝爱好者参与。通过这些活动，潍坊风筝的艺术魅力得以在更广阔的范围内传播。通过互联网技术的运用，线上商城和社交媒体平台推广潍坊风筝，可以让更多人接触和了解这一非遗项目。

在产业化的道路上，潍坊风筝还进行了多元化的尝试。除了风筝产品，他们还推出了一系列以风筝为元素的文创产品，如风筝图案的笔记本、T恤、帽子等。这些产品的销售进一步扩大了潍坊风筝的市场影响力。为了保护与传承这一非遗项目，潍坊风筝还开展了风筝制作技艺的培训课程，通过师徒传承的方式，培养新一代的风筝制作技艺传人。这一做法不仅有利于风筝技艺的传承，也为非遗文创产业提供了持续的人才支持。

潍坊风筝的产业化实践充分展示了非遗与现代设计理念相结合的可能性，并通过创新的设计和传播方式，成功地将潍坊风筝从传统的民俗手工艺品转变为具有市场竞争力的文创产品，实现了非遗的商业价值，也为非遗的传承和发展开辟了新的道路。

四、山东曹县汉服文创设计产业化分析

山东曹县汉服，是我国传统服饰文化中的瑰宝，汇集了中华民族的智慧和艺术造诣。近年来，曹县汉服以其优雅华美的风格，结合文创设

计和产业化发展的趋势，展现出非遗传承与创新的积极姿态。

　　曹县汉服的设计理念源于对传统文化的深入理解和尊重。设计师以传统汉服为基础，细心研究历代服饰图鉴和古代文献，以保持服装的历史真实性。然而，他们也充分理解到，在面对现代消费者的需求时，必须将汉服的设计和制作进行创新，以适应现代社会的审美习惯和生活方式。因此，他们在延续传统的同时，也引入了现代设计元素，如使用现代面料和剪裁技术，甚至将西方服装设计的某些元素融入汉服设计，使汉服在保持其传统美感的同时，也具有了现代风韵。

　　在产品推广上，曹县汉服也采用了创新的方法。其利用社交媒体和电商平台，以精美的图片和视频展示汉服的魅力，从而吸引了大量的年轻消费者。此外，当地还举办了各类汉服文化活动，如汉服走秀、汉服体验营、汉服摄影比赛等，以此提高了汉服文化的影响力，从而使更多人了解和喜爱汉服。

　　在产业化实践的过程中，曹县汉服没有将自身仅限定为服装产品，而是积极拓展文创产品线，推出了以汉服为设计元素的各类商品，如首饰、配饰、家居用品等，这些富有创意的产品进一步扩大了汉服的市场影响力。同时，曹县汉服在文化传承方面也作出了贡献。例如，定期开设汉服制作课程，邀请专家亲自讲解和示范，使公众有机会亲手制作汉服，体验汉服的魅力，也为汉服文化的传承培养了新的力量。

第七章　非遗传承与文创设计
融合的未来展望

第一节　非遗传承与文创设计融合的意义与价值

非遗传承与文创设计融合的意义与价值，可以从以下四个方面展开论述，如图 7-1 所示。

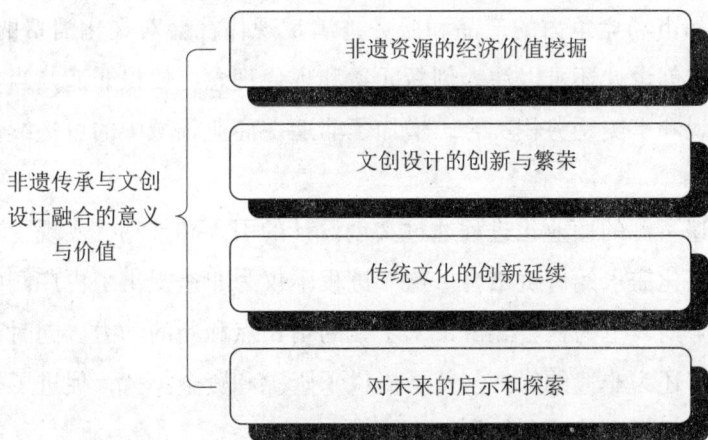

图 7-1　非遗传承与文创设计融合的意义与价值

一、非遗资源的经济价值挖掘

（一）非遗资源的商业化进程

非遗资源的商业化进程是指将非遗资源通过文创设计转化为具有经济价值的商品和服务的过程。通过将非遗资源与商业化相结合，非遗资源得以在市场中发挥作用，实现经济效益和可持续发展。其中，文创设计作为桥梁和媒介，将非遗资源与商业化需求相连接，促进了非遗的传承与发展。

以四川省的彝族火把节为例，通过将彝族火把节融入旅游产品设计，如纪念品、体验活动等，实现了对该传统节日的商业化推广。旅游产品设计不仅通过火把节的形象和符号元素，呈现了非遗的独特魅力，还为游客提供了参与和体验非遗的机会。这些产品和活动的商业化推广不仅为旅游行业带来了经济效益，还为彝族火把节的传承和发展提供了资金和资源支持，促进了非遗的传承与传播。

在非遗资源的商业化进程中，文创设计发挥了关键作用。通过创新的设计理念、艺术表达和市场策略，文创设计能够将非遗资源转化为有吸引力和市场竞争力的产品和服务，满足现代社会对文化消费的需求。此外，文创设计还可以注入创新元素和现代理念，使得非遗与当代社会的价值观和审美趋势相契合，增加了非遗在商业领域中的可持续性和竞争力。

非遗资源的商业化进程通过文创设计的引入和推动，实现了非遗文化与商业化需求的有机结合。这一进程不仅为非遗提供了更广阔的传播和发展空间，也为社会经济带来了新的增长点和新的动力。同时，商业化的推广还为非遗的保护与传承提供了资源和资金支持，促进了非遗的传统性与现代性的结合与共生。

（二）非遗资源的就业机会创造

非遗资源的经济价值挖掘不仅为相关领域带来了经济增长，还创造了大量的就业机会。以下是非遗资源在就业机会创造方面的几个重要点：

第一，非遗资源的经济开发和传承为非遗传承人和相关从业人员提供了更多的就业机会。非遗传承人是非遗传承的核心力量，他们具备独特的技艺和知识，通过他们的参与和传承，非遗得以保持和传承。同时，非遗资源的经济利用也需要相关从业人员的参与，如设计师、工匠、营销人员等，他们在非遗产品的设计、制作、推广和销售等环节发挥着重要作用。

第二，非遗资源的经济开发和利用促进了相关产业链的形成，进而带动了更多的就业机会。非遗作为一种独特的资源和产业，涉及原材料供应、设计制作、加工生产、包装运输、销售推广等多个环节。这些环节涉及多个行业和企业的参与，从原材料采购到最终产品的销售，都为相关行业提供了就业机会。例如，对于蜡染产业，除了蜡染技艺人员外，还需要纺织原料供应商、服装设计师、生产工人、销售人员等多个岗位，为当地创造了大量的就业机会。

第三，非遗资源的经济开发和传承也为文创产业的发展提供了就业机会。文创设计作为非遗资源的转化和创新，需要具备专业的设计、创意和营销能力的人才参与。这为相关专业人才提供了更多的就业机会，如文创产业的从业人员、设计师、艺术家、活动策划师等，他们通过将非遗资源与现代设计相结合，推动了文创产业的发展，并为相关行业创造了就业机会。

非遗资源的经济价值挖掘为相关领域创造了大量的就业机会，涵盖了非遗传承人、相关从业人员以及文创产业的从业人员。这不仅为就业市场提供了更多的岗位，也为人才培养和产业发展提供了重要支持。

（三）非遗资源的市场潜力挖掘

通过文创设计，非遗资源的市场潜力得到了充分挖掘，进一步推动了非遗的传播和经济发展。以下是非遗资源市场潜力挖掘的几个关键点：

第一，文创设计为非遗资源提供了更广泛的市场应用。通过将非遗元素融入现代媒介和产品，如影视作品、游戏、音乐、时尚服饰等，非遗得以与当代文化相结合，获得了更多年轻群体的关注和认可。例如，豫剧在影视作品中的运用，不仅让传统豫剧得到了新的展现形式，也吸引了更多年轻观众的兴趣，扩大了市场受众群体。

第二，文创设计为非遗资源带来了创新和个性化的市场价值。通过文创设计的转化和创新，非遗得以赋予新的意义和符号，使得非遗产品在市场中具备独特的个性化和文化价值。例如，将非遗元素融入时尚服饰设计，打造出独特的非遗时尚品牌，满足了消费者对个性化和文化认同的需求。

第三，文创设计为非遗资源提供了更多的市场推广渠道和营销方式。通过互联网、社交媒体和电子商务等平台的运用，非遗得到了更便捷的传播和推广，拓展了市场覆盖面和销售渠道。例如，通过在线商城销售非遗文创产品，不仅扩大了产品的销售范围，还提供了更多的购买途径和便利性。

第四，文创设计为非遗资源带来了差异化竞争优势。通过与其他文化产品的差异化设计和定位，非遗产品在市场中形成了自身的独特品牌和市场竞争力。例如，将非遗元素与当地特色文化相结合，打造地域性的非遗品牌，使得非遗产品具有独特的地域认同感和文化内涵，从而引发了更多消费者的关注和喜爱。

文创设计为非遗资源的市场潜力挖掘提供了重要的机遇和平台。通过文创设计的转化和创新，非遗得以与现代市场相融合，实现了传统文化的传承和创新发展。同时，文创设计也为非遗赋予了更广泛的市场应用和经济价值，推动了非遗的传播和经济繁荣。

（四）非遗资源的品牌价值提升

中华人民共和国文化和旅游部与广东省人民政府联合举办的"2023非遗品牌大会"在广州成功举办。其中，主题论坛成了大会的核心活动。在此次论坛中，众多学者、非遗传承人及品牌领域专家从各自的研究视角探讨了非遗品牌的未来发展策略。

许多发言者均提到了"擦亮非遗品牌"这一议题，反映了当前对非遗品牌的重视程度应有待加强。过去，人们并没有充分认识到每一个非遗项目实际上都具备了品牌属性，它们在各自的历史长河中已经塑造了各具特色的品牌形象，且对公众有一定的影响力和价值。近年来，非遗已经与多个领域如旅游、文创、乡村振兴等进行了深度结合，成果丰硕。

非遗品牌与商业品牌有所不同，非遗品牌体现了地域的文化特色，其主体更加多样，可能会有地方政府、非遗项目、企业以及传承人等多方参与。因此，在非遗品牌建设中，需要明确各个主体的责任，并确保各方之间的协同合作。

新媒体技术对于品牌建设的作用不容忽视。在新媒体时代，品牌的传播效率得到大大提高。通过网络，非遗资源的品牌价值可以在短时间内获得国际知名度。因此，利用新媒体进行非遗品牌推广具有重要意义。

近年来，众多传统工艺与国际知名品牌的合作引发了公众的广泛关注。这类合作从某种程度上反映了"借船出海"的策略，但也存在被国外品牌"挪用"非遗技艺的风险。因此，对于非遗品牌与国际奢侈品牌的合作，需要进行深入思考和审慎决策。

非遗品牌不仅具有经济价值，还蕴含深厚的社会与文化价值。在非遗品牌的建设与推广中，需要充分挖掘其文化底蕴，确保其传统文化的创新性转化与持续发展。

通过挖掘非遗资源的经济潜力和运用文创设计的手段，非遗项目的品牌价值得到了提升。这种品牌化的传播方式不仅让非遗项目在市场中具备了更高的知名度和吸引力，还促进了非遗的传承和经济的发展。

非遗资源的经济价值挖掘，既有助于非遗项目本身的保护，也为社会经济发展提供了新的动力。在未来，这种模式有望在更多的领域得到应用，进一步推动非遗的传承与发展。

（五）设计行业的竞争优势

非遗元素的引入为设计行业带来了独特的竞争优势，使设计产品具有更高的文化价值和独特性。在国际市场上，中国风设计元素备受欢迎，如福字、龙凤图案等。这些元素融入设计，不仅使产品在形式上具有中国传统文化的特色，更赋予了产品丰富的非遗内涵。

非遗元素的引入为设计产品赋予了独特的文化价值。非遗作为传承千年的文化遗产，具有独特的历史、艺术和民俗特征。将非遗元素融入设计，可以使产品在视觉上传递丰富的文化内涵，激发消费者对文化的认同和情感共鸣。例如，以福字为设计元素的产品，不仅传递了中国传统的福祥寓意，更凝聚了人们对幸福和吉祥的向往，从而增加了产品的吸引力和独特性。

非遗元素的引入为设计产品赋予了独特的艺术性和创新性。非遗所蕴含的传统工艺和技艺具有独特的审美价值和艺术表现力。将非遗元素与现代设计相结合，可以创造出独特而富有创意的设计作品。例如，在纺织品设计中引入苗绣技艺，可以使产品呈现出精细而绚丽的刺绣图案，赋予产品艺术感和独特性，从而在市场上脱颖而出。

非遗元素的引入为设计行业带来了不断创新和发展的机遇。非遗作为传统的文化遗产，可以通过与现代设计相结合，使得传统文化焕发出新的生命力和活力。设计师可以在非遗元素的基础上进行创新和改良，结合现代科技和工艺，开发出独特的设计技术和产品形式。这种创新性的设计方式不仅满足了市场的需求，也为设计行业注入了新的活力和发展动力。

通过将非遗元素融入设计中，设计产品不仅具有独特的文化价值和艺术性，更能够满足市场的需求和消费者的情感共鸣。设计行业通过创新和发展，不断推动非遗的传承和创新，为设计行业注入了新的活力和动力。

二、文创设计的创新与繁荣

（一）非遗元素的引入和利用

非遗元素的引入和利用是非遗传承与文创设计相结合的重要方面，其为设计行业注入了新的元素，推动了设计领域的发展。以北京的京剧为例，其具有色彩鲜明的脸谱和唯美的舞台设定，已被广泛应用于不同领域的设计实践中，包括平面设计、舞台设计和动画创作等，从而丰富了设计内容并赋予了多样的表现形式。

非遗元素的引入为设计行业提供了新的创意源泉。非遗作为传统文化的重要组成部分，具有独特的历史、艺术和文化内涵。将非遗元素引入设计实践，设计师可以从非遗中汲取灵感，融入创意的产生和设计的过程。例如，京剧中的脸谱具有丰富的意象和象征，设计师可以借鉴脸谱的图案和色彩运用于平面设计中，为作品增添独特的视觉效果。

非遗元素的利用丰富了设计内容并且赋予了设计作品更多样化的表现形式。非遗中的传统艺术形式、技艺和符号体系可以被运用于各类设计领域，如视觉传达设计、空间设计和产品设计等。这种利用非遗元素的方式不仅能够赋予设计作品独特的文化意蕴，还能够为观众、用户提供全新的审美体验。例如，在舞台设计中，京剧的舞台布景和灯光设计可以通过运用传统的视觉元素和舞台表现手法，营造出独特的氛围和场景，增强观众的观赏体验。

非遗元素的引入和利用还能够促进非遗的保护与传承。通过将非遗元素应用于设计实践中，非遗得以在当代社会中传播和推广，为非遗项目的保护与传承提供了新的途径和机会。设计作品的展示和推广也有助于引发公众对非遗的兴趣和关注，从而促进非遗项目的可持续发展。

总之，非遗元素的引入和利用为设计行业注入了新的创意源泉，丰富了设计内容并赋予了设计作品更多样化的表现形式。这种融合不仅为设计师提供了更广阔的创作空间，还促进了非遗的保护与传承，推动了非遗项目的可持续发展。

（二）设计内容的丰富化

非遗是各国和各民族的独特文化遗产，代表了人类文化的多样性。随着现代化进程的加速，很多非遗在面对现代文化的冲击和生活方式的变化时，面临着失传的危险。因此，如何有效地保护与传承这些非遗成了一个重要的议题。

为了延续和振兴非遗，需要从多个层面考量。

首先，需要保护和培养非遗的传承人。这些传承人是非遗生命力的关键，他们不仅是技艺的传承者，更是文化的传播者。其次，需要探索多样性和可持续性的传播方式，使非遗能够在现代社会中得到更广泛的传播和认可。最后，需要在非遗文创产品设计内容的丰富性上下功夫。

文创产品设计内容的丰富化可以从"形、色、材、用"四个方面进行探索。

1. 形态提炼

形态提炼即为解析非遗自身的艺术特色和文化基因，提取其独特的形态，再对一个或几个独特形态进行多个角度的拓展与延伸，以一个主题特征为核心，丰富文创产品设计的内容。

2. 色彩提取

非遗往往具有独特的色彩搭配，这些色彩不仅代表了某一文化的审美观念，还蕴含了深厚的文化内涵。设计者可以提取这些色彩，并将其运用到文创产品的设计中，以丰富文创产品的内涵表达。

3. 材质搭配

不同类型的非遗文创产品往往使用了不同的材料。设计者可以根据非遗的特点，选择合适的材料，使文创产品既保留非遗的传统特色，又具有现代感。同时，材质的精心挑选也能够从另一个角度丰富文创产品内容的呈现方式。

4. 功能优化

在考虑非遗文创产品设计内容的丰富度时，设计者还需要考虑产品的功能性。从产品功能方面来考量，可以在充分利用产品功能的同时，拓展产品的设计内容。

大多数文创设计师在产品设计中，都会充分认识到上述四个方面的重要性。他们将文化内涵作为设计灵感，寻求丰富设计内容的最佳方式。这不仅能够有效避免对文化元素的简单复制，而且能够深入挖掘文化的内涵，运用数字化、信息化、智能化的创新手段，使非遗在文创产品中得到全新的表现。通过这种方式，非遗不仅能被保存下来，还能在物质形态和内容实质上得到再创新，使其能够更好地融入人们的日常生活，提升市场接受度。

（三）设计形式的多样化

非遗的丰富元素为文创设计提供了多样化的形式表达途径，丰富了设计的形式语言和表现手法。以江西景德镇的瓷器制作技艺为例，瓷器制作技艺在传统工艺的基础上，通过釉色和图案的设计创新，赋予瓷器更丰富的表现力和艺术性。

非遗元素的引入为设计形式提供了新的元素和表达方式。瓷器制作技艺中的釉色和图案设计具有丰富多样的表现形式，可以通过烧制工艺和装饰技法来实现。设计师可以运用创新的色彩搭配、纹样设计和图案构图等手法，使得瓷器作品在形式上更加多样化，展现出独特的艺术风格和个性。

非遗元素的运用丰富了设计的表现手法和技术手段。设计师可以运用现代科技手段如数码印刷、激光雕刻等技术，使得瓷器设计更加精细和精确，增加了设计的创新性和复杂性，同时使瓷器制作技艺的传统工艺技术在现代设计中得到创新和延伸。

非遗元素的融入为设计师提供了广阔的设计空间和想象力。设计师可以运用瓷器制作技艺中的釉色和图案元素，将其运用到不同领域的设计中，如家居装饰、时尚配饰、艺术品设计等，使得设计作品更具独特性和艺术性。

非遗的丰富元素丰富了文创设计的形式表达。瓷器制作技艺作为一个重要的非遗项目，通过其独特的釉色和图案设计，为设计师提供了丰富多样的形式表达途径，同时促进了瓷器制作技艺在现代设计领域的创新和发展。通过运用创新的设计手法和技术手段，设计师可以创造出形式多样、风格独特的设计作品，丰富了文创设计的形式语言和表达方式。

中国的传统文化深深地被文人的趣味所影响。琴、棋、书、画以及笔墨纸砚，都被视为士人理想的象征，体现了他们追求超凡脱俗的生活态度。在当今计算机时代，让现代人体验到书法的雅致并领略文人的生活乐趣，是一种富有挑战的尝试。

故宫文创"兰亭宝盒"书法套装、西泠印社的弘一法师手抄心经礼盒套装，以及荣宝斋"云何住心"小楷书法套装等，不仅巧妙地解决了传统书写工具难以携带的问题，还以其独特的设计让使用者沉浸在书法的世界中，引发无限遐想。这些产品的创新设计，为现代人带来了古代文人的生活情趣。对于忙碌的现代人，时间的碎片化成了一种普遍现象。为了让现代人在忙碌的生活中能有机会接触和欣赏书法，清华大学美术学院原博教授设计了"一日一字"书法套装。套装包含了由安徽泾县宣纸制作技艺传承人制作的一百张宣纸，以小规格裁剪，方便携带和使用。人们只需挑选一张，每天练习二至三个汉字，就能在短暂的休息时间中，通过书法修身养性，体验书法的魅力。

三、传统文化的创新延续

（一）丰富传统文化的表现手法

非遗文化元素的引入为传统文化的表现方式注入了新的活力，这是因为，这些元素不仅丰富了传统文化的表现形式，而且让其更具生动性和活力。这一引入非遗元素的过程，实质上是在尊重传统文化的基础上，运用现代技术手段和设计理念对传统文化进行创新性的解读和表达。

福建闽南的布袋木偶戏就是一个典型的案例。这一古老的戏剧形式原本受到现代观众接受度的限制，但是，当其元素被运用到动画创作中时，这种传统艺术形式便以一种全新的方式呈现在大众眼前。动画的特性使得闽南木偶戏的角色和故事更为生动、动态，从而吸引了更多年轻观众的关注。同时，这也给传统文化提供了一种新的传播途径，使得更多人有机会接触和了解这一独特的传统文化。

另一个相关的例子是京剧文化。京剧作为中国传统艺术的重要代表，其元素如脸谱、扮相等被广泛应用于现代设计中，如 T 恤设计、插画艺术等。这些通过创新手段展现京剧文化的作品，不仅拓宽了传统文化的表现手法，也将京剧文化以全新的形式呈现给了公众，从而让更多人有机会接触和了解京剧文化。

非遗元素的引入，使得传统文化的表现方式更为丰富多元，也提高了传统文化的活力和接受度。这一创新的做法，实质上是在对传统文化的深度理解和尊重的基础上，运用现代设计理念和技术手段，对传统文化进行创新性的解读和表达。这既展现了传统文化的魅力，也推动了传统文化的发展和传播。

（二）提升传统文化的现代认同感

非遗传承与文创设计的融合，实现了传统文化与现代审美的深度交融，大大提升了传统文化在现代社会的认同度和接受度。这种融合实际上是一个双向过程。一方面，非遗传承元素赋予了现代设计深厚的文化内涵和历史底蕴；另一方面，现代设计理念和技术则赋予了传统文化新的生命力和表现形式，使其更符合现代审美。

以江苏的苏绣为例，这一源自明朝的传统手工艺，在近年来得到了新的延续和发展。设计师将苏绣的元素运用在各类服装和家居产品设计中，使得这一传统工艺以更为现代的形式呈现，因此获得了广泛的欢迎。这种融入现代设计中的苏绣元素，不仅继承了传统技艺的精细，也融入了现代审美的独特，从而创造出了一种新的艺术语言。

除此之外，陕西的秦腔、广东的瓷器等传统文化元素，也在设计中得到了新的诠释和应用。设计师运用这些元素，既弘扬了传统文化的精髓，也充分展现了现代设计的创新性。这样的设计作品，既维护了传统文化的独特性，也使其与现代审美趣味和市场需求相契合。

非遗传承与文创设计的融合，提升了传统文化的现代认同感，为传统文化的传承与发展提供了新的路径。它挖掘了传统文化的深厚内涵，同时打破了传统文化的局限性，将其推向了更广阔的舞台。这种创新的尝试，不仅对设计行业具有深远的影响，也对传统文化的保护和传播具有重要的价值。

（三）增强传统文化的生命力

非遗传承与文创设计的结合是一种文化创新的方式，其对传统文化的新颖诠释和表达，增强了传统文化的生命力，使其在现代社会中得到延续和发展。通过这种融合，传统文化得以在新的形式和内容中生根发芽，从而获得了新的生命力。

　　以山东的皮影戏为例,这一传统艺术形式经历了从衰退到复兴的过程。然而,皮影戏的元素被运用在现代灯具设计和装饰画创作中,使得皮影戏在现代设计的框架下得到了新的诠释和发展。皮影戏的独特元素如皮影人物的形象、动态和表情,都在现代设计作品中得到了生动的表现,这样的设计作品不仅富有艺术性,同时保留了皮影戏的传统文化内涵。由此,皮影戏在新的设计形式中焕发出新的生命力。

　　与前面所提案例相类似的是,广东的版画、北京的瓷器等,这些传统艺术形式的元素也被引入现代设计,从而为传统文化的传承和发展提供了新的可能性。设计师运用这些元素,赋予了现代设计产品深厚的文化底蕴,同时,也为传统文化的发展提供了新的途径和方向。

　　在非遗传承与文创设计的交融中,传统文化被赋予了新的生命力。这一过程体现了对传统文化深度的尊重和理解,也反映了现代设计的创新精神和勇于尝试的态度。这种尝试不仅在设计行业中开辟了新的发展空间,也为传统文化的传承和发展指明了新的方向,这无疑为设计行业和传统文化的发展提供了广阔的前景。

（四）促进传统文化与现代生活的对话

　　非遗传承与文创设计的融合,打开了一扇新的大门,使得传统文化得以融入现代生活的各个领域,从而与现代生活进行深度的交融和对话。这种对话不仅将传统文化的精神内核与现代生活结合起来,而且实现了文化的创新与发展,使得传统文化的生命力在现代社会得到了新的激发。

　　以北京的糖画为例,这种源自古代的传统艺术形式,如今已经融入了现代生活的各个领域。设计师将糖画的艺术元素运用在各类日用品和装饰品设计中,如瓷器、衣物、墙画等。这种结合,既保留了糖画的传统特色,又充分展现了现代设计的新颖和独特。由此,糖画的元素在现代设计中得到了新的解释和展现,使得这一传统艺术在现代生活中焕发出新的活力。

这些传统文化元素的引入，既弘扬了传统文化的精神，也丰富了现代设计的语言和形式。除此之外，更多的传统文化元素，如山东剪纸、江苏扬州漆器等，也被运用在现代设计中，从而与现代生活建立起深度的对话。这种对话使得传统文化的内涵和精神得以延续，也使得现代生活更加丰富多彩。

非遗传承与文创设计的融合，推动了传统文化与现代生活的对话，使得传统文化在现代生活中得到新的延续和发展。这种创新性的尝试，不仅推动了设计行业的发展，也对传统文化的保护和传播具有重要的意义。这无疑为设计行业的未来发展提供了广阔的前景。

（五）提升传统文化的国际影响力

非遗传承与文创设计的融合，作为一种深度的跨文化交流方式，为提升传统文化的国际影响力打开了新的可能。这种交融并非单纯地将传统文化元素置入现代设计，而是一种深度的互动和对话，它将传统文化的精神内涵与现代设计的创新精神结合在一起，使得传统文化能够以一种全新的方式展现在国际舞台上。

以四川的川剧变脸为例，这种独特的艺术形式已经被运用在各类时装和化妆设计中。设计师将变脸的元素，如面具的色彩、形态和图案，以及变脸的神秘感和动态美学，都巧妙地融入设计作品。这种设计不仅体现了现代审美的独特风格，也展示了川剧变脸的魅力和内涵。这种融合使得川剧变脸这一独特的文化形式在国际舞台上得到了广泛的展示和认同。

更多的传统文化元素，如广东的瓷器设计、北京的剪纸艺术等，也在现代设计中得到了新的诠释和展现。这种跨文化的交流方式，使得传统文化的内涵和精神得以在新的形式和内容中传递，从而得到了国际社会的广泛认同。

非遗传承与文创设计的融合，通过创新的方式提升了传统文化的国际影响力。这种尝试，既保护了传统文化的价值和精神，也推动了现代设计的创新和发展。这无疑为传统文化的传播和发展提供了新的思路和方向，也对提升传统文化的国际影响力具有重要的意义。这种创新性的探索，将对设计行业的未来发展产生深远的影响。

（六）推动传统文化的创新发展

非遗传承与文创设计的结合不仅是对传统文化的保护与传承，更是对传统文化的创新和发展的有力推动。这种结合，充分发挥了现代设计的创新性和灵活性，使传统文化在新的创新中得到了更好的延续和发展，从而弘扬了传统文化的独特价值和精神内涵。

浙江的雕版年画是一种独特的艺术形式，其独特的线条、色彩和图案都具有很高的艺术价值。在现代设计中，雕版年画的元素得到了新的诠释和运用。例如，设计师将其元素引入现代插画和海报设计，通过对线条、色彩和图案的新颖处理，使得年画的元素在新的设计中得到了延续和发展。这种创新不仅保留了年画的传统特色，也充分体现了现代设计的创新精神和风格。

更多的传统文化元素，如湖南的刺绣、山西的剪纸等，也被运用在现代设计中，使得这些传统艺术在新的创新中得到了发展。这种创新的方式，使得传统文化的精神内涵得以在新的形式和内容中延续，从而实现了文化的创新和发展。

非遗传承与文创设计的结合，为传统文化的创新发展提供了新的途径和可能。这种结合，既保护与传承了传统文化的价值和精神，也推动了现代设计的创新和发展。这无疑为传统文化的发展提供了新的方向，也对设计行业的未来发展产生了深远的影响。

非遗传承与义创设计的融合对于传统文化的传承和创新发展具有深远意义。通过文创设计，传统文化以新的形式和内容呈现，得到了更好的传承和发展。

四、对未来的启示和探索

（一）设计行业的未来发展趋势

非遗传承与文创设计的融合，展示了设计行业未来的一个重要发展趋势。那就是更深入地挖掘和利用传统文化资源，赋予设计作品更丰富的文化内涵。例如，西藏的唐卡元素已经被广泛应用在当地的旅游文创产品设计中，使得这些产品在传达设计理念的同时，也传递出了丰富的文化信息。

（二）传统文化的未来传承方式

非遗传承与文创设计的融合，也为传统文化的传承提供了新的途径。在未来传统文化的传承中，这种以文创设计为载体的传统文化传播方式将会得到更广泛的应用。比如，四川的川剧变脸已经被成功运用在动画创作中，使得这一传统艺术得以在新的形式中传播。

（三）文化产业的发展方向

非遗传承与文创设计的融合，为文化产业的发展指明了方向，那就是更加注重文化价值的挖掘和利用。比如，甘肃的敦煌壁画元素已经被引入大量的游戏设计和文创产品设计，成为文化产业发展的一个重要方向。

（四）社会文化生活的影响

非遗传承与文创设计的融合，将对社会文化生活的形态和特质产生深远影响。未来，人们的生活中将出现更多充满文化内涵的设计作品，这将让人们的生活更加充满艺术感和文化气息。

（五）社会价值观的引导

非遗传承与文创设计的融合，通过弘扬传统文化，提升了社会对传统文化的尊重和理解，从而在一定程度上引导了社会价值观的发展。例如，福建闽南的木偶戏被融入现代舞台剧的设计，传递出了尊重和传承传统文化的价值观。

（六）创新与传统的融合

非遗传承与文创设计的融合，揭示出在未来发展中，创新与传统的融合将成为一种重要趋势。无论在设计行业，还是在其他行业，将传统和创新进行有机结合，都将成为引领发展的重要动力。比如，湖南的花鼓灯元素被引入现代舞台灯光设计，体现出了创新与传统的完美融合。

（七）文化多元化的发展

非遗传承与文创设计的融合，也显示出了未来文化发展的多元化趋势。多样的非遗资源被融入文创设计，使得文化表达方式更加多元化，从而丰富了人们的文化生活。比如，云南的壮族织锦元素被运用在各类服装和家居产品设计中，体现出了文化多元化的发展趋势。

非遗传承与文创设计的融合对未来的启示和探索具有深远意义。这不仅将在设计行业中产生更大的影响，也将对社会文化生活的形态和特质产生深远影响。

以上所述五个方面是非遗传承与文创设计融合的主要价值和意义，对未来的影响广泛而深远。在未来，应进一步深化和发展非遗传承与文创设计的融合，以充分发挥其在社会、经济、文化等多方面的价值和影响。

第二节 非遗传承与文创设计融合的挑战与策略

一、非遗传承与文创设计融合的挑战

非遗传承与文创设计融合的挑战，可以从以下六个方面展开论述，如图 7-2 所示。

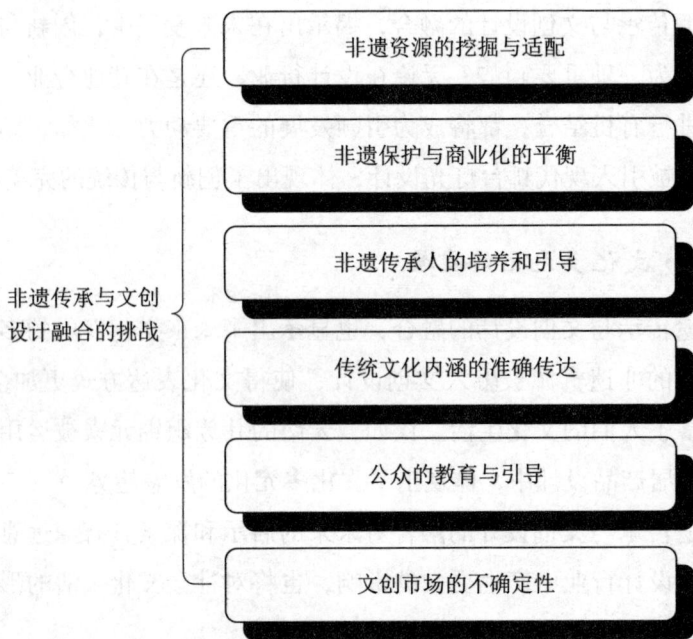

图 7-2　非遗传承与文创设计融合的挑战

（一）非遗资源的挖掘与适配

针对非遗资源的挖掘与适配问题，实际上涉及从繁复的非遗中提炼出核心元素，并将这些元素成功地应用到现代设计中的过程。这需要对非遗有深入的理解，需要扎实的设计技艺，也需要对市场和消费者有清晰的认知。

例如，中国苗族银饰以独特的设计和精湛的工艺受到人们的赞赏。苗族银饰的图案和工艺是以苗族的文化背景和生活习惯为基础的，如果简单地将其应用到现代设计中，可能会出现文化断裂的情况，失去其原本的文化内涵。

当试图将苗族银饰的元素应用到现代设计中时，首要考虑的是如何在保留其文化内涵的同时，使其能够适应现代社会的生活方式和审美需求。这就需要设计者深入研究苗族银饰的文化背景和制作工艺，理解其设计元素的象征意义，然后在此基础上进行创新设计。同时，设计者也需要考虑现代生产工艺和消费者需求的限制，找到适合的应用场景和形式。

有的设计师将苗族银饰的元素应用到了首饰设计中，通过简化图案，采用现代的制作工艺，创造出既保留了苗族银饰的特色，又符合现代审美和生活方式的产品。这就是非遗资源挖掘与适配过程中的一个成功案例。然而，这个过程并非一蹴而就，它需要进行长期的实践和探索，需要进行持续的创新和尝试，只有这样，才能使非遗在现代生活中得到有效的传承和发展。

（二）非遗保护与商业化的平衡

非遗保护与商业化的平衡问题实质上是文化价值与经济价值如何平衡的问题。面对市场和消费者的需求，如何确保非遗项目的原始性、完整性和独特性不被破坏，同时让非遗项目在市场上得到有效的传播和应用，这是所有涉及非遗保护与商业化的人都需要深思和探索的问题。

以甲骨文为例，这是中国古代最早的文字，具有较高的历史价值和文化价值。如果将其元素用于文创设计，必须保证设计的过程中不破坏甲骨文的原始特征，也不能使甲骨文失去其独特的历史意义和文化内涵。例如，在设计甲骨文的文创商品时，可以考虑结合甲骨文的历史背景和象征意义，而不是仅仅将其作为视觉元素。这样既能保留甲骨文的原始特征，又能增加文创商品的文化内涵和市场价值。同时，还要注重保护甲骨文的原始遗址，不进行任何可能破坏其历史和文化价值的行为。因此，在制作甲骨文的文创商品时，应尽量采用复制或仿制的方法，避免直接从遗址中取材。

对于非遗项目的商业化，应以保护与传承为主，商业化是手段而非目的。只有这样，才能在满足市场需求的同时，保护与传承好非遗，使其在现代社会中得到有效的发展。

（三）非遗传承人的培养和引导

面对现代社会快速发展的压力，非遗的传承人如何接受新的设计理念，创新传统工艺，成为一项较大的挑战。其中涉及传承人的认知观念的更新，传统技艺的现代化转变，以及传承人在面对现代市场竞争时如何保持自身的核心竞争力等问题。

以瓷器制作技艺为例，这是中国传统文化的重要组成部分，历史悠久，工艺精湛。然而，在现代市场环境中，瓷器制作技艺的传承人往往需要面对来自各方面的压力，其中就有新的设计理念的接受和创新意识的培养。

瓷器艺人需要更新自己的认知观念，了解到在现代社会中，只有不断创新，才能使传统的瓷器制作技艺继续得以发展。这需要从教育和培训两个方面进行推动。在教育方面，可以通过设计相关课程，引导瓷器艺人认识和理解创新的重要性。在培训方面，可以邀请具有创新意识的设计师进行现场教学，帮助瓷器艺人学习和掌握新的设计理念和方法。

瓷器艺人需要将传统的瓷器制作技艺转化为现代的设计元素。这需要他们不仅要掌握传统的制作技艺，还要学习和理解现代设计的规则和原则，以便能够在保持传统技艺的同时，将其融入现代的设计。

瓷器艺人需要学习如何在现代市场竞争中保持自身的核心竞争力。

这不仅需要他们掌握创新的设计理念和方法，还需要他们学会如何利用现代市场的规则，如品牌建设、营销策略等，提升自身的市场地位。

非遗传承人的培养和引导是非遗传承与文创设计融合中面临的一个重要问题，需要从多个方面进行深入的思考和研究。

（四）传统文化内涵的准确传达

非遗通常富含深厚的文化内涵，这些内涵是每一种非遗项目所蕴含的独特价值和意义。在文创设计中，如何准确地传达这些内涵，而不仅仅是形式的复制，确实是一项重大的挑战。这种挑战不仅涉及设计技巧和理解深度，也涉及对传统文化价值的尊重和重视。

以中医药文创设计为例，中医药是中国传统文化的重要组成部分，其背后蕴含着人与自然和谐共处的哲学思想，以及人体生理功能与疾病的独特理解等内涵。如果只是将中医药的形式元素，如药瓶、草药等进行设计，那么就无法充分展示和传达中医药的真正内涵。

在进行中医药的文创设计时，首要的任务就是深入理解中医药的文化内涵。这需要通过深入研究，与中医药专家进行交流，甚至自己体验中医药的治疗过程，从而理解和感知中医药的真实内涵。然后，再将这些内涵通过设计手法，如图案设计、色彩搭配、形状塑造等，融入文创产品。例如，可以通过设计反映中医药疗法的图案，来展示和传达中医药的文化内涵。

为了更准确地传达中医药的文化内涵，还需要关注其在现代社会中的传播。这就需要与中医药市场消费者进行深入的交流和沟通，了解消费者对中医药的理解和需求，从而设计出能够更好地满足市场需求，同时能准确传达中医药文化内涵的文创产品。

（五）公众的教育与引导

非遗的传播和接受程度，不仅依赖于设计者的智慧和努力，还取决于公众对非遗的理解和接纳程度。为了让非遗的精神内涵得以广泛传播，从而实现非遗的保护和发展，教育和引导公众理解和接受以非遗为基础的文创设计，成为现阶段需要解决的重要问题。

例如，蜡染是一种古老的染织技艺，源自中国南方的少数民族文化，经过千年的传承，蜡染工艺拥有独特的艺术魅力。然而，现代社会的快速发展使这种传统工艺面临丢失的危险。将蜡染融入文创设计，虽然可以保护与传承这种传统工艺，但也面临着如何让公众理解和接纳的挑战。

因此，要做好对蜡染的普及教育工作。这包括对其传统工艺的介绍，让公众了解蜡染的工艺过程和其背后的文化意义，让公众知道蜡染不仅是一种美丽的艺术形式，更是一种载有深厚文化内涵的非遗。

通过各种方式推广蜡染的文创产品。例如，可以在大型商场、文化展览等场合展示蜡染文创产品，让更多人有机会接触到蜡染产品，从而激发他们对蜡染的兴趣和购买欲望。此外，也可以通过网络平台，如社交媒体、电商平台等，让更多人了解蜡染的魅力。

引导公众从审美角度来理解和接纳蜡染的文创产品。蜡染具有独特的艺术风格，这需要公众具有一定的审美能力才能理解和欣赏。因此，也可以通过艺术教育，如组织蜡染艺术展、举办蜡染艺术讲座等，来提升公众的审美能力，让他们能够从艺术的角度去欣赏蜡染的美。

教育和引导公众理解和接受非遗，需要从教育、推广和引导等多个角度出发，只有这样，才能让非遗在现代社会中得到更好地传承和发展。

（六）文创市场的不确定性

文创产业的需求和市场环境是在不断变化的，这对非遗的传承和文创设计的融合提出了挑战。这就需要在非遗传承的同时，善于捕捉市场变化，灵活调整策略，使非遗传承和文创设计能够同步发展，满足不断变化的市场需求。

以传统戏曲为例，它是中国非遗的重要组成部分，其复杂精致的脸谱、华丽的服饰、独特的唱腔等元素都富有艺术魅力。然而，如何将这些元素融入文创设计，使之成为市场热销的商品，却需要进行深入的研究和尝试。

在产品设计阶段，需要深入了解戏曲文化，挖掘其艺术元素，然后将这些元素巧妙融入文创设计。例如，可以将戏曲的脸谱、服饰、唱腔等元素设计到日用品、装饰品等产品中，还需要对目标市场进行深入研究，了解消费者的需求和喜好，这样才能设计出能够满足市场需求的文创产品。

在市场推广阶段，需要考虑如何通过有效的营销策略，使消费者了解和接受这些融入了戏曲元素的文创产品。这可能包括通过线上线下的广告推广、社交媒体营销、线下活动等方式，使更多人了解到这些产品，激发他们的购买欲望。

文创市场的需求是在不断变化的，因此需要时刻关注市场动态，根据市场需求的变化，适时调整文创设计和市场策略。只有这样，才能使非遗传承与文创设计的融合实现长期的、持续的发展。

把握文创市场的不确定性，是非遗传承与文创设计融合面临的一大挑战，需要通过深入研究和灵活应变，找到一个能够满足市场需求、又能保持非遗内涵的平衡点，使非遗的传承和文创设计能够同步发展。

以上六个方面的挑战，都需要在非遗传承与文创设计的融合过程中，进行深入的思考和实践，以实现非遗的传承与发展。

二、非遗传承与文创设计融合的策略

（一）建立专业化的非遗资源挖掘平台

非遗资源的挖掘和适配是非遗传承与文创设计融合的重要环节。专业化的非遗资源挖掘平台的建立，可为设计师提供系统化的非遗资源信息和技术支持，进而促进非遗元素在文创设计中的有机融合和创新应用。

以苗族银饰为例，这种复杂精致的手工艺是苗族文化的瑰宝。然而，由于其生产工艺复杂、难以大规模复制，苗族银饰的传承和发展面临一定困境。专业化的非遗资源挖掘平台可以通过收集、整理、发布银饰制作的技术、样式等信息，为设计师提供参考，激发设计灵感，从而推动传统工艺的创新和发展。

专业化的非遗资源挖掘平台还可以进行非遗资源的深度研究，对非遗的历史、内涵、技艺等进行深入解读，为设计师提供更丰富的非遗资源。例如，对于苗族银饰的制作技艺，可以进行深入研究，探究其背后的历史文化含义、技艺特色等，提供全面的非遗信息。

专业化的非遗资源挖掘平台还可以设立互动交流区域，让设计师、非遗传承人、消费者等不同角色的人群进行交流和合作，促进非遗资源的多元化使用和传承。例如，设计师可以和苗族银饰的传承人进行交流，了解银饰制作的具体工艺和细节，进一步优化设计；消费者也可以通过平台反馈对产品的需求和意见，引导产品的设计和改进。

专业化的非遗资源挖掘平台可以有效地解决非遗资源的挖掘与适配问题，为非遗传承与文创设计的融合提供强大的技术支持和服务。这种方式，可以进一步促进非遗的创新和发展，使非遗在新的时代背景下焕发新的生命力。

（二）设立保护与商业化并重的发展策略

保护与商业化并重的发展策略对非遗传承与文创设计的融合至关重要。这种策略鼓励对非遗项目进行适度的商业化开发，同时保持对其原生态的保护力度，从而在文化传承与市场需求之间找到平衡。

以甲骨文为例，这种古老的文字是中华文明的重要象征，它记录了远古时期的社会生活、风俗习惯、历史事件等，具有较高的历史价值和文化价值。然而，如何在满足市场需求的同时，保护甲骨文遗址，确保其原貌不被破坏，是一个亟待解决的问题。

通过开展文化体验活动、制作相关文创产品等方式，将甲骨文文化融入现代生活，以满足市场的需求。例如，可以设立甲骨文书法比赛、研学活动，让更多人亲手体验甲骨文的魅力；也可以设计甲骨文主题的文创产品，如纸质商品、装饰品、甲骨文字卡等，将甲骨文的元素巧妙地融入商品，为消费者提供独特的文化体验。

对于甲骨文遗址的保护，需要从法律、经济、科技等多个层面进行。例如，建立完善的法律法规，对破坏遗址的行为进行严惩；开展公益性的保护项目，增强社会公众的保护意识；运用现代科技手段，如无人机、3D 打印等，对遗址进行监测和修复。

在保护与商业化并重的发展策略指导下，非遗传承与文创设计的融合将得到有效推进，非遗将在保护与传承中实现创新和发展，更好地服务于现代社会。

（三）开展非遗传承人培训项目

面对现代社会的快速变化，非遗传承人的培养与引导工作尤为重要。培训项目可视为一种重要手段，以提升非遗传承人的创新能力与设计意识，确保传统技艺转化为现代设计过程中的原创性。

以瓷器制作技艺为例，作为中国传统工艺的代表之一，其制作工艺严谨，图案繁复，颇具观赏性和艺术性。然而，在现代社会，有些瓷器艺人的创新意识相对较弱，他们的作品在市场上常常缺乏竞争力。此时，开展针对性的培训项目就显得尤为重要。

非遗传承人的培训项目可以从以下几个方面进行：首要任务是向瓷器艺人普及现代设计理念，使他们了解现代消费者的审美趣味和购物需求，这样他们在制作瓷器时才能做到事半功倍。培训项目还可以邀请专业设计师进行实地指导，通过示范和实践，使瓷器艺人了解如何将现代设计理念与传统工艺相结合，使他们的作品既保持传统风格，又不失现代感。

培训项目还可以建立一个平台，供瓷器艺人分享自己的创新设计和制作经验，激发他们的创新精神；还可以定期举办设计比赛，鼓励瓷器艺人积极参与，提升他们的设计能力和创新意识。

通过这样的培训项目，非遗传承人可以提升自己的设计意识和创新能力，将传统技艺转化为符合市场需求的现代设计，从而使非遗传承与文创设计的融合更加完美。

（四）强化设计师的文化教育

确保非遗传承与文创设计融合中传统文化内涵的准确传达，无疑是设计师必须承担的责任。在这个过程中，强化设计师的文化教育便显得尤为重要，它旨在提升设计师的文化素养和设计水平，使他们能更深入地理解并准确地传达非遗的内涵。

通过各种形式对设计师进行文化教育。一方面，可以通过开设相关课程，邀请专家进行讲解，使设计师系统地学习和理解非遗。另一方面，也可以组织设计师赴非遗项目现场进行考察和学习，让他们亲身感受非遗的魅力，从而深化他们对非遗的理解。

设计师的文化教育也需要与实践相结合。在设计过程中，设计师应充分利用所学的非遗知识，尝试将其融入设计，以确保设计作品能准确地传达非遗的内涵。例如，在中医药文创设计中，设计师可以尝试在产品设计中融入中医药的元素，使用中医药材料的颜色和形状，或者在产品包装上添加中医药的相关知识，以此来传达中医药的内涵。

强化设计师的文化教育，不仅可以提高他们的文化素养和设计水平，也有助于他们更深入地理解和传达非遗的内涵，从而促进非遗传承与文创设计的融合。

（五）开展公众教育活动

非遗传承与文创设计的融合不仅需要设计师的努力，还需要公众的理解和接纳。公众教育活动的开展，无疑是一个有效的解决策略。它借助各种活动形式，如讲座、展览等，旨在提高公众对非遗的认识和理解，进而提升他们对非遗相关文创设计产品的接受度。

以山东刻瓷为例，其历史悠久，工艺精湛，富含深厚的文化内涵。然而，对于公众来说，他们可能只知其名，对刻瓷技艺及其背后的文化知之甚少。这种情况可能会影响他们对刻瓷相关的文创设计产品的理解和接纳。因此，开展公众教育活动就显得尤为重要。

例如，可以通过开展刻瓷技艺的公开课，邀请刻瓷艺术家讲解刻瓷的历史、工艺以及文化含义，让公众有机会近距离了解刻瓷；可以举办刻瓷艺术展，展示刻瓷艺术品的魅力，让公众通过观赏刻瓷作品，感受其美学魅力；还可以开展刻瓷体验活动，让公众亲手体验刻瓷制作过程，从而更深入地理解刻瓷文化。

利用现代媒体技术也是提高公众对非遗认识的重要方式。例如，通过社交媒体发布刻瓷相关的故事和知识，或者制作刻瓷相关的短视频，以吸引更多的年轻人关注刻瓷文化。

开展公众教育活动可以提高公众对非遗的理解和接纳度，进而促进非遗传承与文创设计的融合。同时，这些活动可以使非遗得到更广泛的传播，让更多的人了解和接纳非遗相关的文创设计产品，推动非遗的传承和发展。

（六）建立市场动态反馈机制

针对文创市场的不确定性，建立市场动态反馈机制能够帮助设计师及时了解和适应市场需求的变化，从而调整设计策略。非遗传承与文创设计的融合，需要根据市场反馈进行灵活调整，以满足日新月异的市场需求。

传统戏曲元素广泛被应用于文创设计中，如京剧脸谱的设计被运用到了各种产品如服饰、家居用品、手机壳等。然而，市场对于戏曲元素的接受程度可能会随着时间和地域等因素发生变化。因此，建立市场动态反馈机制是非常重要的。

具体实施过程中，可以通过市场调研来了解公众对于戏曲元素的接受度。例如，可以通过问卷调查、线上线下访谈等方式，了解消费者对于戏曲元素文创产品的使用体验，包括对产品设计、色彩、材质、工艺等各个方面的反馈。此外，可以借助现代信息技术，通过收集和分析社交媒体、电商平台等数据，了解消费者对于戏曲元素文创产品的购买行为和使用反馈。

收集到的数据可以为设计师提供重要的参考。根据反馈，设计师可以调整设计策略。如果消费者反馈认为某一产品的颜色过于艳丽，可以考虑在设计中采用更为低调的颜色；如果消费者更喜欢手工制作的产品，可以考虑使用传统手工技艺制作产品。

市场动态反馈机制还可以帮助设计师及时捕捉市场新趋势，创新设计理念。如果发现消费者开始关注可持续性，设计师就可以考虑在设计中融入环保理念，如使用可回收材料制作产品。建立市场动态反馈机制，可以帮助非遗传承与文创设计的融合更好地适应市场需求，推动非遗的传承和发展。

针对非遗传承与文创设计融合的挑战，需要建立一个全面、系统的应对机制，同时注重非遗的保护与传承，积极寻求其商业化的可能性，实现非遗的活力传播和价值体现。

第三节　非遗传承与文创设计融合的未来发展趋势

非遗传承与文创设计融合的未来发展趋势可以从九个方面展开详细论述，如图 7-3 所示。

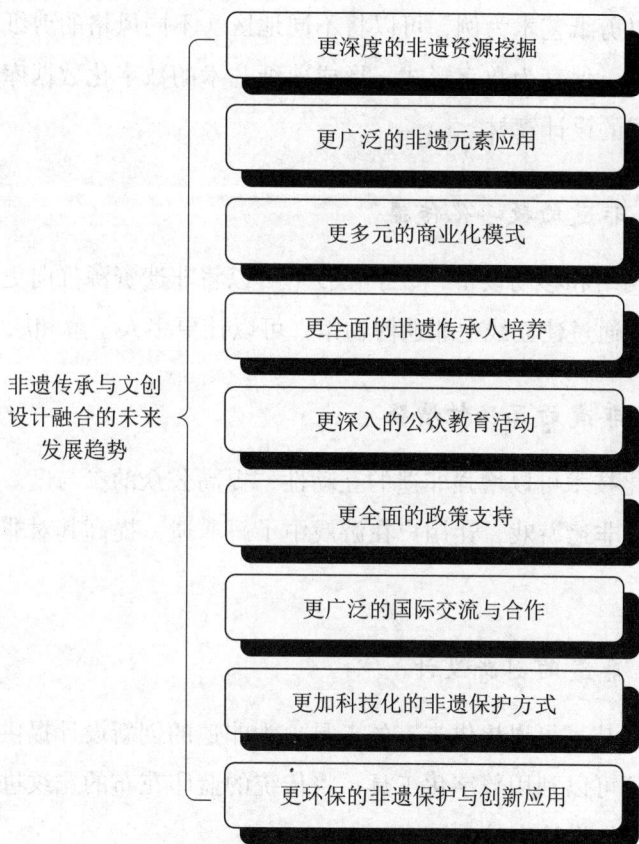

非遗传承与文创
设计融合的未来
发展趋势

- 更深度的非遗资源挖掘
- 更广泛的非遗元素应用
- 更多元的商业化模式
- 更全面的非遗传承人培养
- 更深入的公众教育活动
- 更全面的政策支持
- 更广泛的国际交流与合作
- 更加科技化的非遗保护方式
- 更环保的非遗保护与创新应用

图 7-3　非遗传承与文创设计融合的未来发展趋势

一、更深度的非遗资源挖掘

社会的进步和科技的发展为非遗资源的挖掘带来了新的可能，而数字化技术的应用则为此提供了重要的工具。使用数字化技术进行深入全面的非遗资源挖掘，为文创设计提供更丰富的元素，具有以下几个方面的作用：

（一）非遗资料的数据化收集和整理

数字化技术可以帮助人们收集和整理大量非遗资料，构建非遗资源数据库。以剪纸艺术为例，可以将不同地区、不同风格的剪纸作品进行高精度扫描，保存为数字形式，形成剪纸艺术的数字化数据库，为设计师提供丰富的设计素材。

（二）非遗的数字化传播

通过网络和移动设备，数字化技术可以将非遗资源推向更广阔的空间。例如，通过建立线上非遗博物馆，可以让更多人了解和欣赏非遗。

（三）非遗的互动性增强

数字化技术可以增强非遗的互动性，提高公众的参与度。例如，可以通过开发非遗游戏，让用户在游戏中了解非遗，提高其对非遗的兴趣和认识。

（四）非遗的创新设计

数字化技术可以提供丰富的工具，为非遗的创新设计提供可能。例如，设计师可以利用数字化工具，将传统的蓝印花布的花纹进行创新设计，形成新的设计产品。

二、更广泛的非遗元素应用

非遗元素在更广泛的领域得到应用，既是对非遗保护的需要，也是对市场需求的响应。非遗元素能够赋予产品深厚的内涵，增加其艺术价值和市场吸引力。未来，非遗元素应用的范围会越来越广泛。

（一）家居设计领域的应用

非遗元素可以被应用到家居设计中，赋予家居产品独特的文化特色和艺术气息。例如，中国的传统漆器工艺，其独特的纹饰和工艺技法可以被应用到家居饰品的设计中，使产品具有独特的中国风格。

（二）服装设计领域的应用

非遗元素在服装设计中的应用，可以为服装增添文化内涵，提升其艺术性和品位。例如，苗族的刺绣技艺可以被应用到时尚服装的设计中，使服装具有独特的民族风情。

（三）数字游戏领域的应用

非遗元素可以被应用到数字游戏设计中，丰富游戏的文化内容，提升游戏的故事性和趣味性。例如，将中国的传统剪纸艺术应用到游戏的视觉设计中，使游戏画面具有独特的中国风格。

（四）视觉设计领域的应用

非遗元素可以被应用到各类视觉设计中，包括平面设计、包装设计、广告设计等。例如，将中国的传统木版年画应用到包装设计中，使产品包装具有丰富的文化内涵和独特的视觉效果。

（五）建筑设计领域的应用

非遗元素可以被应用到建筑设计中，使建筑充满文化气息，成为城市的文化名片。例如，中国的传统窗花设计可以被应用到建筑的外观设计中，使建筑具有独特的中国非遗风格。

（六）餐饮领域的应用

非遗元素也可以被应用到餐饮领域，为餐饮业态增加独特的文化特色。例如，将中国的传统茶道应用到餐饮场所中，可以为消费者提供独特的文化体验。

在各领域中应用非遗元素，将促进非遗的传播和传承，也能为产品和服务提供独特的价值，满足消费者对于文化产品和服务的需求。

三、更多元的商业化模式

在非遗与文创设计的商业化模式中，将会出现更多样化的策略和手段。

（一）非遗主题旅游的开展

通过非遗主题的旅游活动，游客可以更直观地接触和体验非遗，这也为非遗的保护与传承提供了商业支持。例如，利用云南大理的蝴蝶泉作为一个旅游景点，游客可以在此地学习和体验蝴蝶泉周边的白族文化。

（二）非遗文创产品的开发与销售

非遗文创产品的开发与销售可以让更多的人接触和了解非遗，也为非遗的保护提供了经济支持。例如，北京故宫博物院运用故宫的文物、建筑等元素，开发出了一系列富有故宫特色的产品，深受消费者喜爱。

（三）非遗体验活动的推广

非遗体验活动可以让公众有机会亲身参与非遗的制作或表演，从而加深对非遗的理解。例如，四川的面人制作体验活动，让公众有机会亲手制作面人，了解面人的制作过程和技艺。

（四）非遗在教育领域的应用

将非遗引入教育领域，可以加深学生对非遗的认识和理解，同时为非遗的传承打下基础。例如，将剪纸、皮影、刻瓷、面塑、陶艺、琴书等非遗项目引入艺术课程，可以让学生在学习中体验非遗的魅力。

（五）非遗在数字媒体中的呈现

利用数字媒体技术，可以将非遗以全新的形式展现给公众，吸引更多的人对非遗产生兴趣。例如，通过 VR 技术，让公众在虚拟环境中体验非遗，可以增强非遗的感染力。

（六）非遗的跨界合作

通过与其他行业的跨界合作，非遗可以得到更广泛的传播和应用。例如，非遗与时尚、设计、美食等行业的合作，可以将非遗元素融入各种产品和服务，增强其社会影响力。

在未来，非遗的保护与传承需要更加细致的商业化策略，以应对日益复杂和多元的市场需求。从更深入的非遗主题旅游，到更多样化的非遗文创产品开发，再到更富有吸引力的非遗体验活动，都需要在尊重和保护非遗的同时，通过不断的创新和实践，将非遗的价值最大化，推动非遗的传承和发展。

四、更全面的非遗传承人培养

（一）教育培训的全面性

全方位的教育培训是提高非遗传承人技艺水平的关键。例如，面对复杂的雕刻技艺，需要系统的培训课程和实践机会来提升传承人的技术水平。同时，对于非遗背景的了解，理论学习也不可或缺。提供全面的课程，涵盖技术、历史、理论等各个方面，使得传承人能从多方面理解和掌握非遗。

（二）文化自觉的增强

对于非遗传承人来说，文化自觉是他们保护与传承非遗的重要动力。比如，京剧的表演者需要理解京剧在中国传统文化中的重要位置，从而自觉地将这种艺术形式传承下去。

（三）创新精神的激发

非遗的传承并不是僵化地复制，而需要融入创新的元素激发其作用。例如，新疆的维吾尔族舞蹈可以根据现代观众的审美习惯，适当调整舞蹈动作，以使其更具观赏性。

（四）立足现代的实践

在培养非遗传承人的过程中，不仅要注重传统技艺的教授，也要着眼于现代的实践。例如，对于制陶技艺，除了教授传统的制作方法，还需要指导传承人如何根据现代市场的需求进行创新设计。

（五）非遗传承人社会地位的提升

在社会层面上，也需要提升非遗传承人的地位，以增强他们的信心和动力。例如，通过设立奖项，表彰在非遗传承和创新中作出突出贡献的传承人，以此激发更多人对非遗传承的热情。

（六）非遗传承人影响力的扩大

最后，还应利用现代媒体工具，扩大非遗传承人的影响力。例如，制作相关的纪录片或在线课程，让更多人了解非遗传承人的工作和他们传承的非遗项目。这不仅可以让公众更好地理解非遗，也可以帮助传承人找到更大的市场，从而为非遗的传承提供更持久的动力。

五、更深入的公众教育活动

（一）展览活动的丰富化

公众教育活动是普及非遗知识的有效途径之一。其中，展览活动是比较直观的方式，不仅可以展示非遗项目的实物，还可以通过展板、多媒体等形式，讲解非遗项目的来历、工艺流程、文化内涵等。例如，对于紫砂壶，一次成功的展览不仅展示了各种形态的紫砂壶，还通过详尽的展示，让参观者了解到了紫砂壶制作的各个步骤和背后的文化含义。

（二）讲座活动的深度与广度

非遗讲座是传播非遗知识的另一个有效方式。对于公众而言，听一场关于非遗的讲座，不仅可以学到非遗的基础知识，还可以了解非遗的研究进展，以及如何在生活中实践非遗保护等。比如，一场关于蜡染的讲座，不仅可以讲解蜡染的基本工艺，还可以分享蜡染在现代设计中的应用，以及如何在家中制作简单的蜡染作品。

（三）体验营的实践性

实践是最好的学习方式，如非遗体验营可以让公众亲身参与非遗活动。在体验营中，公众可以在专业指导下，尝试制作非遗项目，或者参与非遗活动。例如，一个面塑体验营，可以让参与者在面塑艺人的指导下，尝试制作自己的面塑作品，这不仅能让参与者了解面塑的工艺流程，也能让他们体验到面塑的乐趣。

（四）线上公众教育的推广

随着科技的发展，线上教育成为非遗公众教育的新趋势。通过视频课程、直播、网上展览等形式，非遗知识可以得到更广泛的传播。例如，通过开设线上非遗课程，公众可以在任何时间、任何地点学习非遗知识，从而提高了非遗的普及率。由山东管理学院相关教师团队在学堂在线网站开设的刻瓷技艺课程，可算是线上公众教育推广的有效实践。

（五）学校教育的深入

将非遗教育融入学校教育，是提高下一代对非遗的认知的有效方式。可以通过课程设置、活动组织等方式，让学生接触和了解非遗。例如，为学生开设非遗相关的选修课，或者在艺术节上组织非遗表演活动，都能让学生从小接触非遗，了解非遗，提高他们对非遗的尊重和保护意识。

六、更全面的政策支持

（一）制定专项政策

政策制定旨在为非遗项目提供清晰的发展方向，为非遗保护与传承的活动提供法律支持。例如，相关部门制定的关于非遗项目申报、保护、利用的具体规定，确保非遗项目的合理开发和有效保护。

（二）提供资金支持

资金支持可以用于非遗项目的申报、研究、传承、推广等方面，提供非遗项目发展所需的资金保障。例如，相关部门设立的非遗项目研究基金，用以鼓励和支持非遗项目的深度研究和创新应用。

（三）提供资源支持

提供资源支持包括提供非遗研究和传承所需的场地、设备、人力等资源，以促进非遗的发展。例如，相关部门在学校、社区等公共场所设立非遗体验区，让公众能够近距离接触和体验非遗。

（四）鼓励非遗与文创设计的融合

鼓励非遗与文创设计的融合可以通过提供非遗文创项目的扶持政策，鼓励非遗传承人和设计师合作开发非遗文创产品，也可以通过举办非遗文创设计比赛，鼓励创新和优秀的非遗文创设计。

七、更广泛的国际交流与合作

（一）共享非遗资源

透过国际交流与合作，各国和地区可以共享非遗资源，让世界各地的人们都有机会了解和欣赏各自的非遗项目。比如，通过组织国际非遗展览，可以将中国的非遗如剪纸、京剧等展示给全世界的观众，也可以让中国的公众欣赏到其他国家和地区的非遗。

（二）学习借鉴经验和做法

通过国际交流与合作，中国可以学习和借鉴其他国家和地区在非遗保护与传承上的经验和做法，为我国的非遗工作提供新的思路和方法。比如，可以借鉴欧洲在非遗保护上的成功经验，如设立非遗教育课程，培养公众对非遗的认知和理解。

（三）提升非遗影响力

国际交流与合作可以将非遗推向全球，提升非遗的影响力。比如，通过在国际非遗论坛上分享中国的非遗项目，可以提升这些非遗项目的国际知名度，也可以提升中国在全球非遗保护领域的影响力。

（四）促进文化交流

非遗是一个国家和地区文化的重要载体，国际交流与合作可以促进不同文化的交流和理解。比如，通过非遗交流活动，可以让外国公众了解到中国的传统文化，从而增进对中国文化的尊重和理解。

八、更加科技化的非遗保护方式

（一）VR 技术在非遗体验中的应用

VR 技术凭借其全景式沉浸体验的优势，逐渐被引入非遗保护与传承中。通过构建虚拟的非遗体验空间，观众可以在第一人称视角中，亲身感受非遗的魅力，如通过 VR 技术体验被列入非遗名录的"龙舟制作技艺"，让公众身临其境地了解制作龙舟的过程和技艺，这无疑大大提升了非遗的知名度和影响力。

（二）AR 技术在非遗互动中的应用

AR 技术能够在现实世界中增加虚拟元素，为公众提供更多接触和互动非遗的机会。例如，通过 AR 技术，观众可以在智能手机或平板电脑上，看到现实环境中加入的非遗元素，如浮现的剪纸艺术作品或舞动的醒狮等。这种技术不仅使得非遗能以更现代、更鲜活的方式出现在公众视野中，也刺激了公众对非遗的好奇心和探索欲望。

（三）3D 打印技术在非遗传承中的应用

3D 打印技术的发展为非遗工艺品的复制和传承开辟了新途径。传统的非遗工艺品复制过程中，无论是技艺复杂性还是材料稀有性都会产生难以逾越的阻碍。3D 打印技术的介入，尤其是结合高精度扫描技术，可以有效地解决这些问题，忠实复制并且快速制作非遗工艺品，如复制研制瓷器的全过程，这对于教学和展示都大有裨益，也为非遗技艺的传承提供了新的可能性。

（四）AI 技术在非遗保护中的应用

AI 技术的发展，为非遗保护提供了新的工具。AI 能够通过大数据分析和机器学习，更准确地判断非遗项目的保护需求和传承难点。例如，通过 AI 分析，人们可以发现哪些非遗技艺的传承面临困难，或者哪些非遗项目的传播效果不佳，然后针对这些问题，制定更有效的保护与传承策略。

（五）区块链技术在非遗认证中的应用

区块链技术的出现，为非遗的权威性认证提供了新的解决方案。在非遗工艺品的交易中，权威性和真实性的确认往往是一大难题。区块链技术的应用，可以确保非遗工艺品认证信息的不可篡改性和可追溯性，让买家在购买非遗工艺品时能够更安心、放心，这对于推动非遗的商业化进程具有重要作用。

云南建水紫陶，亦称滇南琼玉，以其独特的工艺和高雅的品质而受到推崇，是建水民间传统工艺品的瑰宝。这种精美的陶器被誉为"中国四大名陶"之一，是国家级非遗，承载了深厚的历史文化和手工技艺。在科技高速发展的今天，为了振兴这一传统非遗产业，中国共产党建水县委员会、建水县人民政府在 2021 年启动了"数字紫陶"区块链综合应用项目。该项目是一个以产业大数据价值利用为切入点，通过区块链、物联网、大数据、扩展现实（XR）等技术的综合应用，为建水紫陶产业构建从原料生产源头到消费者的全流程追溯体系。这个系统的实现，使得每一个环节，从原料的选取，到生产过程，再到产品的出售，都可以被精确追溯，数据存储在区块链中，无法篡改，使得产品的质量和知识产权有据可依。这不仅可以防止假冒伪劣产品的出现，而且有助于提升产品的价值和品牌形象。

区块链技术的使用，进一步强化了建水紫陶产品的生命周期管理，利用溯源码完成紫陶产品全生命周期数据上链存证。这意味着每一件紫陶产品从制作到销售的全过程都会被记录下来，形成一个全程透明的数据链。这种方式不仅为消费者提供了真实可信的商品信息，也为传统手工业的保护和发展提供了新的机制和手段。

此项技术的推行，实现了建水紫陶非遗保护和区域性品牌建设的双重目标，为传统产业注入了新的活力，同时保护了这种独特的传统工艺，使其在现代社会中得以传承和发展，为未来的研究和学习提供了丰富的素材。

九、更环保的非遗保护与创新应用

（一）可持续的非遗资源采集和利用

非遗工艺品的制作往往依赖于自然资源。未来的非遗保护与文创设计将更加注重资源的可持续采集和利用。设计师和相关机构将积极寻求替代资源或者优化工艺流程，以减少对环境的影响。例如，在陶瓷制作中，可以采用环保型燃料替代传统的煤炭，减少燃烧过程中的碳排放。

（二）可回收与可降解的非遗文创产品设计

对环境保护和可持续发展的重视，也体现在非遗文创产品的设计上。设计师将在产品设计中更多考虑产品的生命周期，使用可回收、可降解的材料，减少产品废弃后对环境的影响。例如，在非遗布艺设计中使用可生物降解的天然纤维，替代不易降解的合成纤维。

（三）基于生态伦理的非遗教育

在非遗教育中，也会更加强调环境保护和可持续发展的理念。通过教育活动，如展览、讲座等，传播生态伦理，提升公众的环保意识，鼓励公众参与环保活动。例如，在教授非遗技艺时，可以结合介绍相关资源的合理利用和环保知识。

（四）结合非遗保护的环保社区建设

环保社区建设可以有效地结合非遗保护和环保活动。例如，可以在社区中设立非遗工艺室，用于展示和教授非遗技艺，并且鼓励社区成员使用环保材料和方法进行非遗工艺制作。这种方式既可以保护与传承非遗，又可以提升社区成员的环保意识和实践能力。

（五）可持续发展观念的非遗政策制定

在制定非遗政策时，也将更加考虑环境和可持续性因素。政策制定者将尝试制定一些鼓励环保和可持续发展的政策，如对使用环保材料和方法的非遗项目给予更多的支持和激励。这种政策将有利于推动整个非遗领域向更加环保、可持续的方向发展。

这些趋势预示着一个更为环保、可持续的非遗保护与文创设计未来。通过综合应用环保理念和可持续发展理念，可以在保护与传承非遗的同时，兼顾环境保护和社会发展的需要，实现人与自然和谐共生。

在这些未来发展趋势的指引下，非遗传承与文创设计融合的未来充满了希望。它将以更加全面、多元、深入的方式将非遗文化引入公众生活，也将对非遗的保护与传承提供更强大的支持。

参考文献

[1] 李建峰.中国非遗 [M].武汉：长江少年儿童出版社，2022.

[2] 廖燕飞，江东.边走边看思非遗 [M].北京：文化艺术出版社，2021.

[3] 蒋明智.非遗保护与文化认同 [M].广州：中山大学出版社，2021.

[4] 又凡.大理非遗守艺人 [M].昆明：云南人民出版社，2021.

[5] 朱落心.话说非遗：非遗卷 [M].南京：江苏人民出版社，2018.

[6] 何洪伟.南海非遗：传统民俗民艺的坚守与传承 [M].南昌：江西高校出版社，2018.

[7] 肖少华.泰宁"非遗"集萃 [M].北京：群言出版社，2020.

[8] 中国人民政治协商会议南充市委员会.传承人话非遗 [M].成都：四川美术出版社，2020.

[9] 郝雯婧，王雪梅，许志强.四川非遗文化整合与传承 [M].成都：西南交通大学出版社，2021.

[10] 陆建非.非遗传承研究：2021 4[M].上海：上海教育出版社，2021.

[11] 淮安市洪泽区文化广电和旅游局.洪泽非遗集锦 [M].南京：河海大学出版社，2019.

[12] 谭坤.指阅读下的非遗数字传播 [M].北京：中国纺织出版社，2022.

[13] 福州市文化馆，福州市非物质文化遗产保护中心.古老与新声：福州非遗全景探秘 [M].福州：海峡文艺出版社，2022.

[14] 陆建非.非遗传承研究：2021 1[M].上海：上海教育出版社，2021.

[15] 木玉春.丽江国家非遗录 [M].北京：民族出版社，2016.

[16] 陈勤建.回归生活：非遗保护的理论与实践研究 [M].上海：上海人民出版社，2018.

[17] 杨和平，吴远华.非遗保护与湘剧研究 [M].苏州：苏州大学出版社，2017.

[18] 黄山市城乡劳动力资源研究促进会，黄山市社会科学界联合会，黄山市文化委员会.非遗传承在黄山 [M].合肥：中国科学技术大学出版社，2017.

[19] 丁伟.文创设计新观 [M].北京：北京理工大学出版社，2018.

[20] 黎青.非遗保护视角下的文创产业扶贫案例研究 [M].湘潭：湘潭大学出版社，2020.

[21] 韩志孝，梁兴.黄河流域非遗文创研究 [M].郑州：郑州大学出版社，2022.

[22] 刘一峰.非遗湘西苗画的保护与传承 [M].长沙：中南大学出版社，2020.

[23] 肖劲蓉，叶永敏.岭南纺织服饰品植物染 [M].北京：中国纺织出版社，2022.

[24] 董邯.南海"更路簿"非物质文化遗产的传承与保护 [M].北京：中国纺织出版社，2018.

[25] 杨璐莎.文创产品设计与开发实践 [M].北京：中国广播影视出版社，2022.

[26] 方潇.基于图像叙事的杨家埠木版年画数字文创设计研究 [J].包装工程，2023，44（10）：411-419.

[27] 叶小涤，莫妍，叶锦云，等.乡村振兴背景下特色小镇文创产业发展优化路径研究：以广州从化区为例 [J].南方农机，2023，54（11）：103-105.

[28] 何含子.江苏地区手工艺非遗创新发展策略研究 [J].鞋类工艺与设计，2023，3（9）：102-104.

[29] 朱雪.文化转译视角下徐州非遗文化数字文创设计研究 [J].艺术与设计（理论），2023，2（5）：97-100.

[30] 陆南希.非遗传承语境下壮锦图案元素在文创产品设计中的应用研究 [J].

西部皮革，2023，45（9）：99–101.

[31] 孙雨佳，鲍杰，李天宇，等．基于"互联网＋"的非遗营销模式创新发展策略研究 [J]．办公自动化，2023，28（9）：10–13.

[32] 陈昊炜，谢锦，李思妍，等．湖南省非遗传统美术类文创产品包装设计 [J]．湖南包装，2023，38（2）：224.

[33] 芦春梅，甄永亮．国家级非遗滕氏布糊画的创新转化实践研究 [J]．丝网印刷，2023（8）：75–77.

[34] 杨敏．"鲁·萃"蓝染非遗传承与活化的文创探索 [J]．丝网印刷，2023（8）：1–4.

[35] 高瑞敏．非遗视角下平阳木版年画数字化创新设计 [J]．绿色包装，2023（4）：175–178.

[36] 韩光大，颜晶晶，郑乃章，等．刍议非遗视角下景德镇陶瓷文创产品的开发 [J]．陶瓷科学与艺术，2023，57（4）：56–57.

[37] 万菁，欧俊．湖湘文化视域下的非遗文化传承和红色文创产品设计创新 [J]．家具与室内装饰，2023，30（4）：84–89.

[38] 何佳．非遗手作的实践途径与社会美育价值分析 [J]．当代美术家，2023（2）：14–19.

[39] 马君怡，孙仲鸣．非遗元素与文创首饰结合的可行性探索：以广西壮族绣球为例 [J]．宝石和宝石学杂志（中英文），2023，25（2）：66–75.

[40] 黄诗媛，陈秋娜．融媒体背景下非遗文创设计赋能乡村振兴策略研究：以广州市从化区凤二村为例 [J]．智慧农业导刊，2023，3（5）：120–123.

[41] 薛领航．非物质文化遗产档案文创产品开发研究：以河南马街书会为例 [J]．兰台世界，2023（3）：18–22.

[42] 汪海波，张群，郭会娟．基于用户行为的非遗文创产品设计研究 [J]．池州学院学报，2023，37（1）：102–106.

[43] 程顺．黄冈非遗文化及其文创产品的设计与研究 [J]．黄冈职业技术学院

学报，2023，25（1）：70-73.

[44] 黄博韬，魏煜力.基于莫里斯符号学的非遗类文创产品设计：以南通蓝印花布为例 [J]. 设计，2023，36（4）：38-42.

[45] 李晗蕾.基于情感化设计的文创产品研究：以泉州非遗文创为例 [J]. 鞋类工艺与设计，2023，3（4）：33-35.

[46] 韩洋.非物质文化遗产数字藏品文创设计路径 [J]. 鞋类工艺与设计，2023，3（4）：81-83.

[47] 王奇.辽宁省非物质文化遗产文创设计研究 [J]. 鞋类工艺与设计，2023，3（4）：99-101.

[48] 刘明晗.非遗元素在文创产品中的应用 [J].赤峰学院学报（汉文哲学社会科学版），2023，44（2）：47-49.

[49] 岳涵，周正钧.知识图谱视角下非遗文创化趋势研究 [J]. 中国冶金教育，2023（1）：105-107.

[50] 尹浩英.浅议文创产品包装设计中非遗文化元素的共融与创新 [J].绿色包装，2023（2）：148-151.

[51] 周曼.非遗保护视角下的宝庆竹刻文创产品设计 [D]. 株洲：湖南工业大学，2022.

[52] 刘杨.基于湘西土家织锦艺术符号的文创产品设计研究 [D]. 株洲：湖南工业大学，2022.

[53] 陈舒蕊.非遗活态传承的文创品牌建构及设计研究 [D].海口：海南大学，2022.

[54] 刘欣.非遗保护与传播视角下的南丰傩文化文创产品设计 [D]. 南昌：江西财经大学，2022.

[55] 孙嘉怡.基于国家级非遗的再设计与应用研究 [D]. 济南：山东大学，2022.

[56] 陈镜羽.非遗传承下黎川舞白狮插画文创设计研究与应用 [D]. 南昌：南昌大学，2022.

[57] 张思涵.黎川舞白狮在非遗文创产品设计中的应用研究 [D]. 南昌：南昌

大学, 2022.

[58] 秦旖旋. 非遗传承视角下日照旅游文创产品开发研究 [D]. 曲阜: 曲阜师范大学, 2022.

[59] 王铠宏. 广绣非遗文化数字化展示空间设计与应用 [D]. 广州: 广州大学, 2022.

[60] 吕月侠. 南陵"十兽灯"非遗文创产品设计 [D]. 芜湖: 安徽工程大学, 2022.